Werner Bartens

Betrügen lernen

Werner Bartens

Betrügen lernen

Roman

Karl Blessing Verlag

MIX
Papier aus verantwortungsvollen Quellen
FSC® C014889

Verlagsgruppe Random House FSC-DEU-0100
Das für dieses Buch verwendete
FSC®-zertifizierte Papier *EOS*
liefert Salzer Papier, St. Pölten, Austria.

1. Auflage

Umschlaggestaltung: Hauptmann & Kompanie, München – Zürich
Satz: Leingärtner, Nabburg
Druck: Pustet, Regensburg
Printed in Germany
ISBN 978-3-89667-465-4

www.blessing-verlag.de

Für Dü, Sebi, Alex, Achim, Lennart, Tobi,
Peter, Martin, Felix, Uli, Klaus und die anderen

Inhaltsverzeichnis

Im Strudel der Gefühle

In langsamen kreisenden Bewegungen massiert mein Zeigefinger die kleine Erhebung. Sie hat in etwa die Größe einer Erbse und ähnelt von der Konsistenz her einer Backpflaume. Dieses runde Etwas ist erst fest, aber dann scheint das Gewebe langsam nachzugeben, wird geschmeidiger und weicher. Kurz darauf fühlt es sich wieder spröde und störrisch an.

Ich streichle von allen Seiten auf diese Erhebung zu, strahlenförmig zum Mittelpunkt – mein fleischgewordenes Karlsruhe. Karlsruhe wird die Fächerstadt genannt, weil alle Straßen der Innenstadt sternförmig auf das Zentrum zuführen wie bei einem Fächer. Das Zentrum, das mich im Moment interessiert, liegt allerdings ganz woanders. Ich habe es gerade ziemlich zärtlich im Griff. Manchmal fasse ich direkt auf den kleinen Hügel, der so unberechenbar ist und mal hart, mal weich, mal elastisch wird und ein kokettes Eigenleben zu führen scheint.

Sie lacht. Wie schön sie ist! Sie lacht erneut, aber die Augen hat sie noch geschlossen. Ich sehe, wie sich ihr Oberkörper langsam rhythmisch auf und ab bewegt. Ihre Bewegungen sind elegant, sogar in dieser wogenden Lage. Die angefeuchteten Haarspitzen liegen in langen dunklen Locken auf ihren Schultern. Sehr entspannt sieht sie aus, wie sie so daliegt. Warm und wohlig muss sie sich gerade fühlen. Ihre hohen Wangenknochen geben ihr einen vornehmen, geradezu feierlichen Ausdruck. Auf ihrem Dekolleté glänzen ein paar Tropfen. Wie sie schimmert, wie sie strahlt!

Jetzt wirft sie den Kopf nach hinten und rekelt sich auf dem Rücken hin und her. Es sieht so aus, als würde sie ein wenig mit den Schultern zucken. Eigentlich ist sie eher ein heller Typ, trotz der dunklen Haare, aber jetzt, in den letzten Strahlen der Abendsonne, glänzt ihr Körper fast bronzefarben. Am Übergang zwischen Schlüsselbein und Brustbein, dort, wo sich unten am Hals ein Grübchen einsenkt, wirkt ihre Haut besonders zart und verletzlich.

Ich konzentriere mich weiter auf die behutsame Massage dieses kleinen runden Etwas, das sich immer wieder dem Zugriff meiner Finger entzieht. Keck bewegt sich das runde Teil hin und her, fast widerspenstig. Es lässt sich nicht richtig fassen, immer noch nicht, vielleicht ist es einfach zu feucht dazu. Ganz vorsichtig will ich schon die Fingernägel zu Hilfe nehmen, aber das wäre zu grob. Ich streichele und massiere beharrlich weiter.

Sie liegt inzwischen wieder etwas ruhiger da. Wie bezaubernd sie ist! Majestätisch hebt und senkt sich ihr Brustkorb mit jedem Atemzug. Erfüllt und zufrieden sieht sie aus. Eine Frau, die nicht mehr auf der Suche ist, sondern angekommen – eins mit sich und der Welt. Sie hat die Augen immer noch geschlossen, genießt die Wärme, das Licht und den lauen Abend. Auf ihren Augenlidern glänzen ein paar Tropfen. Sie lässt sich treiben.

Ich befinde mich mittlerweile ebenfalls in einem dämmrigen Zwischenzustand, tranceartig. Nicht richtig wach, sondern schläfrig – aber dennoch mit geschärften Sinnen. Es ist, als inhaliere ich jeden Reiz. Jede neue Geruchsnuance, jeden leichten Luftzug und erst recht jede Vibration sauge ich ein. Mein Finger ruht für einen Moment auf der runden Erhebung, die ich die ganze Zeit bearbeitet habe. Ich halte inne, ich habe es ja nicht eilig.

Unerwartet bewegt sie sich. Das runde Ding ist auf einmal viel weicher, zarter als bisher und lässt sich plötzlich in alle Richtungen mühelos verschieben. Es ist so weit.

Die dunkelhaarige Schöne bäumt sich auf, ihr Körper bebt. Sie macht den Rücken erst rund, als ob sie sich zusammenkauern wolle, dann überstreckt sie ihren Oberkörper langsam nach hinten. Es durchströmt sie. Sie reißt die Augen auf, dunkelbraun, tief und unergründlich sind sie, mit einem matten Schimmer wie ein frisch geöffnetes Glas Nutella, dessen Inhalt noch unberührt ist. Ich bin unter Spannung, elektrisiert, drücke deutlich fester zu und massiere den runden Punkt, sodass er fast zum wunden Punkt wird und auf und nieder hüpft. Sie kreischt kurz auf, zuckt. Wild sieht sie aus, unbändig und verwegen. Sie lacht. Dann atmet sie tief und ruhig weiter.

Ich schrecke aus meinem tranceartigen Dämmer hoch, und es dauert sehr lange, bis ich die Lage erkenne. Nach und nach klärt sich die Situation: In den Liegemulden im Thermalbecken sind nach einer längeren Phase der Ruhe die Massagedüsen plötzlich wieder angesprungen. Der harte Strahl hat die dunkelhaarige Schöne am anderen Beckenrand, die ich die ganze Zeit beobachtet habe, unsanft aus ihrem bezaubernden Schlummer geweckt.

Und endlich, endlich habe ich es zur gleichen Zeit geschafft, das hartnäckige Hornhautpolster abzulösen, das sich auf dem Hühnerauge an meinem kleinen rechten Zeh gebildet hatte. Es drückt mich schon länger dort. Nirgendwo kann man Hühneraugen besser loswerden als in dem von den Besuchen zahlreicher Kurgäste bereits brackigen Thermalwasser. Es braucht zwar eine gewisse Zeit, bis die verkrusteten Schichten eingeweicht sind, aber dann löst sich die Hornhaut fast von allein ab.

Während die Dunkelhaarige die Sprudelfontänen im Außenbecken des Bades zuvor sichtlich genossen hat, ist sie nun der aufdringlichen Wasserwirbel überdrüssig. Die aufgeschäumten Fluten schütteln ihren Oberkörper noch ein paar Mal heftig durch. Ihre Brüste wogen hin und her und sind der ständigen Bewegung des Wassers ausgeliefert. Zudem sieht es so aus, als ob ihr Bikinioberteil immer weiter von den sprudelnden Luftblasen aufgepumpt werde und gleich zu platzen drohte. Sie hat genug von den Wasserspielen, richtet sich auf, verlässt ihren Stammplatz in der Ruhemulde und watet dem Ausgang zu, der zur Liegewiese führt.

Ich kann sie verstehen und mir vorstellen, wie sie sich gerade fühlt. Obwohl ich ihr die ganze Zeit mit zärtlichem Interesse aus der Ferne zugesehen habe, während ich mit meinem kleinen rechten Zeh beschäftigt gewesen bin, weiß ich um die zwiespältigen Eigenschaften von Massagedüsen in Thermalbädern. Der aufdringliche Strahl aus der Wand kann wunderbar entspannen und verkrampfte Rückenmuskeln lösen oder müde Beine auflockern. Andererseits ist er manchmal in so unvorteilhafter Höhe angebracht, dass er entweder die eben noch eng anliegende Badehose zu grotesken Formationen aufbläht oder man achtgeben muss, keinen Einlauf verpasst zu bekommen.

Ich bleibe noch eine Weile vor meiner Massagedüse stehen und lehne versonnen an der Beckenwand. Ich taste mit dem Zeigefinger das Hühnerauge ab, das jetzt, von der Hornhaut befreit, nicht mehr so unangenehm hervorsticht. Sehnsüchtig schaue ich auf die Liegemulde, in der sie sich eben noch aalte und von den Strömungen des Whirlpools umschmeichelt wurde. Jetzt hat ein Herr, der mehr graue Haare auf den Schultern trägt als auf dem Kopf, ihren Platz eingenommen. Er trägt eine weiß-blau gestreifte Badekappe, den Klassiker, der neben der Blumenblüten-Variante in Beige für Damen als einziges Modell in den Schwimmbädern überlebt hat.

Kurze Zeit später entdecke ich sie wieder. Sie hat sich auf der Liegewiese einen Platz gesucht, der direkt in meiner Blickrichtung liegt. Das kann kein Zufall sein. Es hätte auch woanders geeignete Standorte für ihr Handtuch gegeben. Die Sonne wird zwar bald untergehen, ist aber noch warm genug, um ihre nasse Haut zu trocknen. Sie legt sich so hin, dass ihr Blick auf das Becken gerichtet ist – und auf mich. In dieser Position kann ich sie ausgiebig betrachten, denn sie wird von der Sonne beschienen. Andererseits kann sie mich kaum sehen, denn die letzten Strahlen blenden sie, sobald sie zu mir herübersieht. Was für ein elegant geschwungener Körper. Welche Harmonie. Sie lächelt.

Ich werde sie ansprechen. Jetzt. Ich werde den Bauch einziehen und mit rankem Becken am Beckenrand entlanggehen und mich ihr vorstellen. Oder vielleicht doch besser nachher beim Essen? Ich bin zu allem entschlossen, jetzt, da das lästige Hühnerauge endlich weg ist. Bestimmt ist sie auch geschäftlich unterwegs so wie ich und hat sich in dem Badehotel eingebucht. Allein. Eine Frau wie sie reist sicher allein. Sie ist sich ihrer Ausstrahlung bewusst, sie ist selbstsicher, und vermutlich ist sie aufgeschlossen für Neues.

Vielleicht ist sie auch wegen des Vortrags hier, den ich morgen über »Nähe, Annäherung und Distanz in Primatenverbänden« halten werde. Ich bin ja schon überall angekündigt. Zumindest im Kurhaus und im Hotel hängen die Plakate, auf denen zwei Schimpansen beim ausgelassenen Liebesspiel zu sehen sind. Vereinfacht gesagt, geht es in meinem Vortrag um das Paarungsverhalten von Affen.

Ich male mir aus, wie ich schon heute einen angeregten Abend mit der unbekannten Schönen aus dem Bad verbringen werde. Vielleicht kann ich heute bereits mit ihr gemeinsam essen gehen. Ich könnte ihr Einblicke in mein abwechslungsreiches Vortragsleben geben und etwas über die Balzrituale der Paviane erzählen. Da gibt es eine Menge anregenden Gesprächsstoff. Auf jeden Fall werde ich nachher noch ein wenig mit ihr an der Bar sitzen, mit ihr lachen, mit ihr flirten, ihr näher kommen, ich werde …

Als sich der nicht sehr muskulöse und nicht sehr attraktive Mann mit dem schütteren Haar zu ihr hinunter auf das Badehandtuch beugt und sie küsst, weiß ich, dass es jetzt Zeit ist zu gehen. Ich muss das Wasser verlassen und die Niederlage mit Würde tragen. Meine Hände sind schon ganz schrumpelig geworden, Waschfrauenhände. Außerdem stehen ja überall die mit ärztlicher Autorität gezeichneten Warnschilder, dass man sich nicht länger als 20 Minuten in dem Jodquellenbad aufhalten soll. Weiß der Himmel, was dann passiert.

Erst will ich trotzig in der Thermaltunke ausharren. Sollen sie mich doch irgendwann finden, in Jodwasser gegerbt, verschmäht, aufgeweicht von innen wie von außen. Ich fühle mich ausgebuht. Sollen mich doch die Kurärzte bergen, denke ich. Sie werden schon die richtige Todesursache feststellen. Er ist von uns gegangen im Jod, aber die Liebe hat ihn aus dem Leben gerissen, wird vielleicht ein poetisch veranlagter Gerichtsmediziner sagen, wenn sie mich untersuchen.

Ich scheide dann doch noch nicht aus dem Leben, sondern gehe in das griechisch-römische Dampfbad. Hier beträgt die Sicht weniger als einen halben Meter. Das ist auch besser so. Ich will auf keinen Fall durch den Anblick weiterer wogender Körper abgelenkt werden.

Gästeliste

Clara sitzt am Schreibtisch und beantwortet Mails. Der tägliche Wahnsinn. Seit zwei Stunden geht das jetzt schon so. Die Steuererklärung müsste sie auch noch erledigen, aber das wird heute nichts mehr. Sie hat sich damit abgefunden, dass sie wieder nicht alles schaffen wird, wie so oft. Irgendetwas kommt immer dazwischen. Dafür hat sie sich gerade eine Flasche Rotwein aufgemacht, nachher wird sie noch eine ihrer Lieblings-DVDs einlegen, *Notting Hill* oder vielleicht auch den *Pferdeflüsterer*. Die Entscheidung zwischen Hugh Grant und Robert Redford ist nicht leicht zu treffen, aber es gibt schlimmere Schicksale.

Durchatmen und zur Ruhe kommen. Ein bisschen Zeit für sich haben. Kostbar ist das und sehr, sehr selten. Und was macht sie mit dieser Zeit für sich allein – sie sitzt an ihren Mails! Rebecca und Miriam, die beiden fünfjährigen Zwillingstöchter, schlafen bereits. Clara hat ihnen eine Gutenachtgeschichte vorgelesen, mit ihnen gebetet und gekuschelt, den Kuchen für das Sommerfest im Kindergarten morgen Nachmittag hat Clara auch schon gebacken. Es könnte ein schöner Abend werden, wenn dieser Papierkram endlich erledigt wäre. Schluss. Schluss für heute.

Clara hat gerade den Film eingelegt, und Robert Redford beginnt zielsicher seinen verknitterten Charme auszuspielen – sie hat sich doch für den *Pferdeflüsterer* entschieden. Allmählich lässt sich der Filmheld darauf ein, mit dem nach einem Unfall verschreckten Pferd und dem Mädchen, das es geritten hat, zu arbeiten. Er drängt niemanden, er wartet, bis die anderen so weit sind. Er lässt kommen und gewährt die Zeit, die nötig ist. Was für ein Mann! Robert Redford lächelt nur und schaut, und sein Blick sagt: Ich weiß, dass du weißt, dass ich weiß, und trotzdem haben wir alle Zeit der Welt und müssen uns zu nichts gezwungen fühlen. Wir haben keine Eile – da klingelt das Telefon.

»Dorothee hier, störe ich?«

Natürlich stört sie, Dorothee stört immer. Andererseits ist sie eine treue Seele, und sie hat ja sonst niemanden, bei dem sie anrufen kann.

»Nein, du weißt doch, dass du jederzeit anrufen kannst«, sagt Clara, und sie fragt sich, ob Dorothee an ihrer leicht erhöhten Tonlage merkt, dass sie schwindelt.

»Es ist wegen des Festes.«

Pause, Pause, Pause.

Dorothee wartet offensichtlich darauf, dass Clara sofort nachfragt, sobald das Stichwort Fest fällt. Clara ist aber viel zu müde, um neugierig zu reagieren. Und nur weil Clara und ihr Mann ihren zehnten Hochzeitstag ein bisschen aufwendiger feiern wollen, muss sie ja nicht gleich in Ekstase geraten, wenn Dorothee über das Fest sprechen will. Dorothee ist mit der Planung des Festes betraut worden, ein Fehler. Sie soll eigentlich die Sketche, Vorführungen und sonstigen Beiträge der Freunde und Bekannten koordinieren. Aber dieses Amt nimmt sie furchtbar ernst, und die Gästekoordination hat sie auch noch übernommen.

»Also ich verrate dir jetzt nicht, was wir schon alles vorbereitet haben«, sagt Dorothee und legt wieder eine bedeutungsschwere Pause ein. »Ihr werdet euch wundern, aber ich sage jetzt nichts. Trotzdem muss ich was Dringendes mit dir besprechen.«

Wieder Pause, Pause, Pause.

Es nervt. Wieder scheint Dorothee darauf zu warten, dass es Clara nicht mehr aushalten kann, die unerhörten Neuigkeiten zu erfahren. Nun komm schon, denkt Clara, und bevor sie sich so gewieft abwartend und geduldig vorkommen kann wie Robert Redford, platzt es von allein aus Dorothee heraus, Clara muss gar nicht nachhaken.

»Du wirst es nicht fassen, aber stell dir nur vor: Klaus kommt nicht mit Tina. Er hat sie sitzen lassen. Einfach so, für eine andere. Von einem Tag auf den anderen.«

»Gut, dass du uns das sagst«, heuchelt Clara.

»Für eine Krankengymnastin. Einfach so. Und mit der will er jetzt kommen! Stell dir *das* vor.«

So schwer findet Clara die Vorstellung gar nicht, dass Klaus seine Frau sitzen gelassen hat. »Ich konnte mit Tina eh nie so viel anfangen, von mir aus soll er die Neue ruhig mitbringen.«

»Klar, das ist wohl so eine total Durchtrainierte und Schlanke, hat einen Superbody. Ist ja auch kein Wunder bei dem Beruf. Aber dafür gleich alles aufgeben – den Mann, die Familie, einfach alles? Ich fasse es nicht.« Dann macht Dorothee nur eine kurze Pause. »Ich wäre froh, wenn ich einen Mann hätte!«

Clara nickt müde. Sie will sich jetzt nicht mehr auf die Erwägungen von Dorothee einlassen, die seit Jahren chronisch auf der Suche ist und darüber die meisten anderen Dinge im Leben vergessen oder verdrängt hat. Sie will auch nicht mit ihr gemeinsam überlegen, was Klaus an seiner Neuen attraktiv gefunden haben könnte und warum es mit Tina nicht mehr ging und welcher Mann für Dorothee vielleicht doch noch infrage käme, wenn man alle Idioten, alle noch nicht Erwachsenen und alle Triebgesteuerten abzieht, also den Großteil der männlichen Menschheit ausschließt.

»Danke, dass du angerufen hast – uns ist klar, dass es bis kurz vor dem Fest immer noch Absagen geben kann«, sagt Clara.

»Dann sag es bitte auch Alex, hörst du. Ich will euch wenigstens auf dem Laufenden halten. Wo ist der eigentlich?«

»Unterwegs, auf Vortragsreise. Er erzählt mal wieder was über seine Affen.«

Party machen

Nach meinem Vortrag über die Kuschelsucht der Bonobos, ihre Hippiepraktiken der freien Liebe und die sexuellen Hierarchien der Paviane stehe ich noch auf dieser Party herum, und plötzlich ist sie da. Nicht die Frau von gestern Nachmittag aus dem Thermalbecken, sondern: sie. Sie ist sehr, sehr jung. Sehr, sehr melancholisch attraktiv und langhaarig schön. Helles Haar, eng stehende Augen, die intensiv wasserblau leuchten. Es ist schon spät, halb drei Uhr morgens vielleicht. Erstaunlich, was in diesem Kurort abgeht. Eigentlich bin ich sehr, sehr müde und will längst gehen. Ich habe bereits die Jacke geholt und über den Arm gelegt. Ein kurzer Blick, ein Nicken, dann ein langer Blick.

Ich stehe, schaue sie an. Sie schaut. Ich bleibe. Ich will etwas sagen, aber es geht mir wie Obelix, als der zum ersten Mal die wunderschöne Falbala sieht und nur ein paar Krächzlaute und Konsonanten herausbringt. Ich räuspere mich kurz und bin still – aber irgendwie geht es dann doch. Erst holt sie zwei Bier, dann hole ich zwei, dann weiß ich, dass ich später nicht mehr wissen werde, was wir noch alles durcheinandergetrunken haben.

Eigentlich kann ich nicht mehr. Neue Damenbekanntschaften sind mittlerweile vor allem eine Frage der Kondition für mich. Man muss durchhalten, auch wenn man ahnt, was kommt. Dabei müsste ich jetzt nur ein wenig länger ausharren und ihr das unbändige Gefühl der Grenzenlosigkeit geben. Offener Horizont, keine Ziele, keine Verpflichtungen. Einfach nur: zwei Menschen, wir, sonst nichts. Goldstaub im Orbit könnten wir sein, ein Funken nur, aber doch ein kurzes Aufglühen in der Ewigkeit.

Dass in diesem Moment alles egal ist und leicht, müsste sie auch spüren. Ich könnte ihr vorschlagen, dass wir noch in einen Club gehen, im Parkteich mit den Enten um die Wette kraulen oder genauso gut mit dem Cabrio nach Warschau fahren könnten oder gleich zu ihr oder zu mir oder auch bis zum Morgen warten, um dann den goldenen Asphalt der Morgendämmerung zu küssen.

Ihre Freundin fragt mich in diesem Moment, ob ich Feminist bin, was mich an diesem Abend eindeutig überfordert. Die Freundin findet die Gleichberechtigung auf dem richtigen Wege, nur mit der Reproduktion gebe es noch ein ziemliches Ungleichgewicht zwischen den Geschlechtern. Die Freundin verzieht sich zum Glück schnell wieder. Mir geht das Ungleichgewicht mit der Reproduktion durch den Kopf. Da ist was dran. Ich will tänzelnd leicht wirken, unbeschwert und lässig. Schwebend.

Mir tun nur leider die Füße weh. Besonders der kleine Zeh rechts drückt, das ist der mit dem Hühnerauge, an dem eigentlich kein Hühnerauge mehr drücken sollte. Die Schuhe sind zwar sehr elegant und außerdem doppelt genäht, aber eigentlich zu eng für meinen breiten Spann. Wie hatte ich mir diese superteuren englischen Treter gewünscht, deren Seehundleder zuvor in langen Polarnächten von Eskimofrauen weich gekaut worden ist. Die Schuhe sind nicht zu klein, darauf bestehe ich. Schließlich habe ich im Geschäft von der Verkäuferin den Großzehentest machen lassen. Im Stehen hatten die Zehen noch genügend Platz vorn. Aber die Schuhe sind trotzdem eindeutig zu eng.

Vielleicht habe ich auch Wasser in den Beinen? Meine Füße holen mich auf den Boden der Realität zurück.

Plötzlich gebe ich mir keine Mühe mehr, besonders originell, verführerisch, verwegen oder auch nur melancholisch verloren und rettungsbedürftig zu wirken. Das zieht ja bei manchen Frauen, so eine Art James Dean für Arme mit diesem traurigen Blick aus hungrigen Augen, so kühl und cool und neorauchig wie Carl, mein Kollege aus der Gerichtsmedizin, der nicht nur beruflich zum Morbiden neigt. Er sieht immer so aus, dass man ihm sofort einen Rettungsring zuwerfen oder etwas Essbares zustecken möchte.

Ich bin erschöpft und gleichgültig und fühle mich wie Marcello Mastroianni in der Verfilmung von Albert Camus' *Der Fremde*. Dem Filmhelden ist alles so was von egal, dass er sogar jemanden umbringt, weil der ihn zu sehr nervt. Ich versuche daher auch gar nicht mehr, einen

Schlüsselreiz bei ihr auszulösen, der uns beide hätte ausbrechen lassen können aus dem bürgerlichen Gehäuse unserer Konventionen.

Ich berühre sie ganz, ganz beiläufig am Arm, während ich dem Ausgang zustrebe. In Frauenzeitschriften steht, dass so etwas bei Frauen einen wohligen Schauer und sogar Gänsehaut auslöst. Ich streife sie noch mal ganz leicht und wie zufällig am Unterarm. Ein bisschen Hoffnung ist da noch, dass sie doch mitkommen könnte.

Nichts. Keine Reaktion. Und ich denke bei mir: Wer lässt sich schon vom schweren Duft der Resignation verführen? Ungeduscht, geduzt und ausgebuht fahre ich nach Hause. Das stimmt zwar nicht, und dieser letzte Satz ist auch weitgehend von Max Goldt, aber es ist nun mal arschkalt, und ich komme mir inwendig ungewaschen vor, als ich durch die Nacht zum Hotel stapfe.

Ich bin schon längst nicht mehr der Partylöwe, der ich auch früher nie gewesen war. Ich habe auch keine Lust auf schnellen Sex nach Besuchen in zugigen Clubkellern, in denen ein paar Bierkisten die einzige Möblierung darstellen und eher als Statement denn als Sitzgelegenheit zu verstehen sind. Das endet nur mit einer Blasenentzündung. Mir ist auch nicht nach gepiercten Lippen und nicht nach Intimrasuren. Diese genitalen Brötchen finde ich abstoßend. Mir ist nicht nach schnellen Nummern und nicht nach ebenso aussichtslosem wie abgeklärtem Hauptstadt-Blues. Ich will keine jungen Dinger aufreißen, die ewig frieren und sich trotzdem immer zu dünn anziehen und später irgendwas mit Medien machen wollen.

Ich bin keine 20 mehr, und weder Charlotte Roches Intimliteratur noch dieses zu Recht in der Versenkung verschwundene Buch über den geklonten nachtaktiven mexikanischen Schwanzlurch, der nicht erwachsen werden kann, treffen meine Stimmung. Das Bild von dem Schwanzlurch ist ja ganz hübsch, aber muss es immer dieses desillusioniert Düstere sein, dieses weltenschwer und früh Vergreiste? Muss man immer in inniger Zuneigung aneinander verzweifeln? Dieses Unbehauste ist mir zuwider. Ich mag lieber kuscheln. Ich weiß auch genau, mit wem. Ich will nur etwas von Clara, meiner Frau.

Ständig auf Rot

Mit der Ehe von Alex und Clara ist das so: Die beiden sind nur noch selten miteinander intim. So würde er das bezeichnen, wobei er nicht oft darüber redet. Ihm ist das viel zu wenig, er fühlt sich permanent auf Entzug. Dabei will er gar nicht täglich. Einmal in der Woche, manchmal vielleicht zweimal, das würde ihm ja schon reichen.

Sie haben ausreichend Sex, wäre hingegen ihre Einschätzung. Jedenfalls so, *wie* sie Sex haben. Ihr sind andere Dinge viel wichtiger. Gemeinsame Interessen und Pläne. Unternehmungen, die sie zusammen machen. Zärtlichkeit und Nähe spüren, klar, aber es muss nicht immer Sex sein. Einfach mal am Nacken gestreichelt werden, ohne weitere Verwicklungen. Auch geistige Nähe und Vertrautheit können unglaublich stimulierend sein, und das muss überhaupt nichts mit Erotik zu tun haben.

Für ihn ist es nicht nur – aber auch – eine Frage der Quantität und vor allem der Regelmäßigkeit. Für sie ist hingegen vor allem die Qualität entscheidend.

Als beide noch kinderlos waren, hat Alex mal eine Harald-Schmidt-Sendung gesehen, in der Dirty Harry über Paare mit Kindern lästerte. Seine Gagschreiber hatten ihm einen Witz vorgefertigt, den Alex damals noch nicht kapierte, jetzt aber umso besser versteht. »Sex nach der Geburt, das normalisiert sich wieder«, sagte Harald Schmidt damals. »So etwa nach vier (Pause, Pause, Pause) – so etwa nach vier Jahren.« Heute wäre Alex sogar froh, wenn es fünf Jahre nach der Geburt von Miriam und Rebecca im Bett wieder normal laufen würde.

Einig sind sich Alex und Clara beim Thema Sex eigentlich nur darüber, dass in den Lifestylemagazinen, die sie gelegentlich kaufen, um sich ihrer Gerade-noch-Jugendhaftigkeit zu versichern, nicht so viel über Sex in der Schwangerschaft geschrieben werden sollte. Und auch nicht so viel über Sex in der ersten Zeit nach der Schwangerschaft, beispielsweise während sie noch stillt. Immer wieder protzen diese Hefte mit Enthüllungen darüber, dass auch nach der Geburt der Kinder das Liebesleben prickelnd und aufregend wie am ersten Tag sein kann. Das sei Quatsch, finden Alex und Clara, aber die Sehnsucht danach war offenbar ein unstillbarer Kaufanreiz.

Alex und Clara mögen sich immer noch, das schon, aber nach fast zehn Jahren ist ihre Ehe langsam verwittert. Das Feuer füreinander ist ein wenig erloschen.

Manchmal ist nicht mal mehr Glut da, nur noch kalte Asche. Dabei mag er sie offenbar sehr. Er glaubt sogar, dass er sie liebt. Sie glaubt das auch, aber die Routine, in der ihre Beziehung erstarrt ist, lässt sie verzweifeln und sich voneinander abwenden. Und ohne diese innere Leidenschaft will sie nun mal nicht mit ihm ins Bett gehen.

Er denkt hingegen: Diese Leidenschaft ergibt sich schon. Appetit kommt beim Essen. Ihr kommt das Kotzen bei dem Gedanken, dass er will, sie aber nicht, und dass sie es trotzdem ihm zuliebe über sich ergehen lassen würde.

Früher haben Mädchen rote Balken in ihre Kalender gemalt, wenn sie ihre Tage hatten oder sie erwarteten. Alex hat lange Jahre in seinem Computer einen Kalender geführt, in den er eintrug, wenn er rudern ging, Tennis spielte oder anderweitig Sport trieb. Jetzt hat er so einen aufwendigen Business-Timer, dick wie die Bibel und mit tausend Extrafunktionen, die er alle nicht versteht und nicht braucht. Er schreibt gar nichts rein, weil er sich seine wenigen Termine für Vorträge und Reisen auch so merken kann.

Aber manchmal steht doch etwas drin. Er hat angefangen, sich zu notieren, wann er und Clara Sex *hatten*. So verwegen, es aufzuschreiben, wann er es *erhofft*, ist er noch nicht. Erst hat er rote Striche gemacht, aber das sind ja nicht seine Tage, über die er hier Buch führt. Inzwischen verwendet er einen Kugelschreiber, aber er ist immer noch unschlüssig, welche die richtige Farbe für die Einträge ist, die er alle zwei Monate in seinen Kalender macht.

Vielleicht liegt es einfach an Claras Beruf. »Schwänze, Schwänze, Schwänze, ich kann keine Schwänze mehr sehen«, sagt sie immer wieder entnervt. Sie ist Urologin. Da sieht sie jeden Tag Männer und ihre Leiden mit ihrem besten Stück: Impotenz, Angst vor Schmerzen beim Pieseln und vor allem Erektionsstörungen: Es klappt zu wenig, zu selten, gar nicht mehr, nicht dauerhaft genug, und ganz gelegentlich gibt es auch mal Männer mit zu langen Erektionen. Alles hat sie schon gesehen, sogar diese wirklich seltenen Bindegewebsveränderungen mit Schiefstand.

Immer ist die drohende Erschlaffung untenrum das Schlimmste, was den Männern passieren kann. Schlaganfall, Herzinfarkt, Bandscheibenvorfall, Burn-out, ja manchmal sogar Krebs stecken sie irgendwie schon weg – aber wenn sie eine Erektionsstörung haben, droht gleich der Weltuntergang. Männer scheinen ihre Existenzberechtigung vor allem darin zu sehen, einen hochzukriegen, vermutet Clara mittlerweile. Dabei gibt es doch noch andere Ziele im Leben, und zumeist liegen die Gründe auch viel tiefer, wenn es im Bett nicht klappt.

Kürzlich war Clara auf einer Tagung der Urologen in Bad Boll. Ihr Kollege Dr. Hagemann hat dort einen ziemlich enttäuschenden Vortrag gehalten mit dem Titel »Der Penis – Probleme und Perspektiven«, in dem er allzu viele Fragen offenließ und sich viel zu sehr auf das Medizinische konzentrierte, statt die überschätzte Rolle des Penis in der Partnerschaft zu thematisieren. Ausgerechnet Hagemann, früher mal die Hoffnung der Branche. Besser hat ihr da schon die abwägende Präsentation gefallen, die Wulf Dietrichsen über »Chancen und Risiken der Intimität in Zeiten fortwährender Verfügbarkeit« gehalten hat. Aber richtig neu ist auch das für sie nicht gewesen.

Aber kann die berufliche Beschäftigung mit dem männlichen Genital tatsächlich eine Erklärung sein für Claras chronische Distanz und Lustlosigkeit? Hat ihr erloschenes Interesse damit zu tun? Auch Alex hat ja beruflich fast nur mit dem Miteinander von Männlein und Weiblein zu tun. Er ist Verhaltensforscher, Soziobiologe nennt er sich, und er betont gern das Soziale, das Miteinander beim Sex. In seinem Institut für Evolutionspsychologie ist er der Experte, der die verschiedensten Tiere in ihrem Beziehungs- und Paarungsverhalten beobachtet. Flirt, Bindung, Kopulation – das ganze Programm. Monogam, polygam, er kennt alle Spielarten. Besonders fasziniert es ihn, wenn manche Tiere ihr Leben lang einem Partner treu bleiben, Präriewühlmäuse beispielsweise – während ihre promisken Kollegen, die Bergwühlmäuse, es munter durcheinander treiben. Sind viele Frauen im Publikum, betont Alex in seinen Vorträgen die Treue im Tierreich besonders und stellt sie als Erfolgsprinzip der Evolution dar. Er will sich das nur ungern eingestehen, aber wahrscheinlich machen diese romantischen Schlussfolgerungen seine Auftritte so erfolgreich.

Und Alex kommt rum, das muss man schon sagen. Er hat im südlichen Alaska bei 20 Grad unter null den Rauhäutigen Gelbbauchmolch erforscht. Dieser Schwanzlurch produziert in seiner Haut ein starkes Gift. Bei der Paarung umklammert das Männchen das Weibchen im

Wasser von oben mit den Beinen. Ihr kann das Gift aber nichts anhaben, und Feinde haben die beiden Liebenden in dieser Lage auch nicht zu befürchten. Einen besseren Schutz vor ungebetenen Gästen beim Liebesakt kann man sich kaum vorstellen. Wer die beiden Gelbbauchmolche angreift, der verendet. Kann die Nähe von Eros und Tod raffinierter aufgeführt werden?

Im thailändischen Regenwald hat Alex die Zeit gemessen, die das Orang-Utan-Männchen nach dem Geschlechtsverkehr noch bei der Partnerin verweilt, bis es sich ausführlich dem Stuhlgang zuwendet. Was dem Menschen die Zigarette danach, ist dem Orang-Utan anscheinend die Defäkation. Den Fachartikel, in dem er die auf die Sekunde genau dokumentierten 137 Affenkopulationen und die anschließenden Entleerungen ausgewertet hat, konnte er ziemlich hochrangig publizieren.

Aber auch für viele Menschenrituale interessiert sich Alex bei seinen Forschungen. Kaum einer seiner Kollegen kann eine so stattliche Sammlung von Bambusrohren sein Eigen nennen, mit denen die eingeborenen Völker der indonesischen Inselgruppen ihren Penis schützen, wenn sie auf die Jagd gehen. Alex beschäftigt sich also ebenfalls beruflich viel mit sexuellen Gepflogenheiten, aber ihm verleidet das nicht die Lust, im Gegenteil. Er denkt ständig an Clara und ihren auch nach fast zehn Ehejahren noch immer begehrenswerten Körper.

Schließlich ist Alex kein Bärtierchen, keine Sechsstreifen-Rennechse und auch keine Strumpfbandnatter. Diese Tiere gelten als asexuell, sie pflanzen sich für sich und mit sich selbst fort und brauchen dazu keinen Partner.

Truthähne können das angeblich auch, allein und selbstgenügsam.

Alex will sich auch nicht die Südlichen See-Elefanten zum Vorbild nehmen, die er vor Jahren mal erforscht hat. Die kommen nur einmal im Jahr an Land, um sich zu paaren. Es gibt traditionelle Strandabschnitte, an denen sich Hunderte erwachsene Männchen und Weibchen treffen, allerdings müssen sich die See-Elefanten erst mal bekämpfen, um die Rangfolge auszumachen, in der sie die Weibchen anschließend begatten dürfen. Wer sich dann als Chef der See-Elefanten herausstellt, ist der Strandmeister, und der hat das Vorrecht. Er kann dann so viele Weibchen hintereinander beglücken, wie er mag und solange seine Ausdauer reicht.

Mittlerweile hat sich Alex ein System ausgeklügelt, um die häuslichen Schwierigkeiten zu lindern. Und das ist der Plan: Clara und er würden sich abwechseln mit den körperlichen Annäherungen, vielmehr mit der Erlaubnis, sich anzunähern oder auch sich zurückzuhalten, je nach Wunsch. Einen Tag würde er der Bestimmer sein, wie das im Kindergarten unter den Fünfjährigen heißt, einen Tag sie. Er gibt zu, dass das ein wenig schematisch klingt, aber wenn nichts anderes hilft?

Sollte ihr das zu kurz gesprungen sein und zu viel Unruhe in den Alltag bringen, könnte auch eine Woche sie bestimmen und dann er eine Woche, ganz ungezwungen. Sie könnten auch geheime Signale ausmachen, die nur sie beide verstehen, eine Art erotischen Code. Das hätte etwas Aufregendes, Geheimnisvolles. Alex hatte Clara auch schon vorgeschlagen, ihr körperliches Zusammensein nach dem Prinzip der geplanten Ernährungsampeln auf Lebensmitteln zu gestalten, die Rot, Gelb oder Grün anzeigen, je nachdem, ob gerade Stopp, erst mal schauen oder freie Fahrt angesagt ist.

Sie findet das alles wahnsinnig spießig, und Sex würde sowieso überschätzt, sagt sie. Sie mag ihn, das müsse er doch wissen, sagt sie. Und Liebe und Zärtlichkeit müssten sich spontan ergeben, aus einem stimmigen Miteinander und einem seelischen Gefühl der Nähe, der Geistesverwandtschaft und innigen Verbundenheit. Das könne man nicht planen und nach festen Zeiten organisieren, sonst wäre alles kaputt. Sagt sie.

Alex versteht das nicht. Früher ging das doch auch. Schon bei den ersten Verliebtheiten und Treueschwüren haben sich beide manchmal ganz spät oder ganz kurzfristig noch getroffen, und es war völlig klar, was der Zweck der hastigen Übung war. Sie fielen sofort übereinander her. Oder bei Affären und Schäferstündchen, wie ist es denn da? Da trifft man sich doch auch zu einer festgelegten Zeit am festgelegten Ort und will nur das eine. Dadurch geht doch auch nichts kaputt, im Gegenteil. Der Lust ist es völlig egal, ob man sich vorher die Uhr gestellt hat. Sie hat es sogar manchmal lieber pünktlich und eilig, die Lust, und wenn wenig Zeit ist, stimuliert das manche Menschen besonders, und die Lust macht Freudensprünge.

Clara will trotzdem nicht. Oder jedenfalls sehr selten.

Heisse Liebe

Bevor ich wieder von meiner Vortragsreise nach Hause fahre, werde ich noch in die Sauna gehen. Ich habe zwar im Schwimmbad vor ein paar Tagen eine herbe Niederlage erlitten, aber da muss ich jetzt durch und mich sofort wieder ins Getümmel stürzen. Es ist wie bei Reitern, die vom Pferd gefallen sind, oder bei gestürzten Trapezkünstlern im Zirkus, die sollten auch gleich wieder aufsteigen und es erneut versuchen, damit sie erst gar keine Zeit haben, zu verzagen und Ängste zu entwickeln. Konfrontationstherapie ist angesagt, und zwar so schnell wie möglich.

Außerdem ist tagsüber nicht so viel los in den Schwitzkammern. Ich werde dort abschalten und auf andere Gedanken kommen. Die Sauna ist zudem ein gänzlich unerotischer Ort. Dort laufen zwar nur Nackte herum, aber es ist völlig tabu, jemanden in der Sauna kennenzulernen. Das geht so was von überhaupt nicht, no way. In der Sauna wollen Frauen ungestört entspannen und schwitzen und nicht begafft und erst recht nicht dumm angemacht werden. Selbst für den Fall, dass sie nicht abgeneigt sein sollten, eine neue Bekanntschaft zu schließen, darf die Kontaktaufnahme bitte schön nicht in der Saunakabine stattfinden. Das wäre zu wenig subtil.

»Du schwitzt ja ganz schön«, will eine Frau dort ebenso wenig hören wie »Wahnsinn, du schwitzt ja kaum«. Und der offensive Satz »Hilf mir, ich komm gerade nicht drauf, aber irgendwo habe ich deine Brüste schon mal gesehen« eignet sich vielleicht für die Reportagen des Privatfernsehens über Swingerclubs in der Provinz, aber nicht für ernst gemeinte Zuneigungsbekundungen in der Sauna.

Für die Sauna gilt: ein paar verstohlene, diskrete Blicke, höchstens. Ein kurzes Zublinzeln, allerhöchstens. Vielleicht klappt es dann hinterher, draußen. Entweder ganz draußen, wenn man wieder angezogen ist und sich an der Kasse trifft, an der man die überzogenen Stunden nachlösen muss. Oder an diesen karibisch verunstalteten Saftbars, an denen alle in den gleichen weißen Frotteebademänteln und Badelatschen im Kreis herumsitzen. Die einen trinken frisch gepressten Obstsaft und die anderen Weißbier, und beide sagen, dass sie ihren Mineralhaushalt wieder in Ordnung bringen müssen (die einen sind die Frauen, die anderen die Männer). Und immer trifft man dort einen viel zu lauten, viel zu peinlichen, längst zu Recht vergessenen Bekannten, der einen kumpelhaft mit Sätzen begrüßt, wie: »Mensch, du hier, lange nicht gesehen, du bist aber alt geworden.«

Ich fühle mich deshalb ganz wohl mit meinem diskreten Verhalten in der Sauna. Ich setze nicht auf erotische Derbheit, sondern suche das feine Wechselspiel aus Annäherung und Distanzierung, das schon viel Literatur, Musik und Kunst, aber wenig konkrete körperliche Verschränkungen hervorgebracht hat. Ich will zwar nicht zum Minnesang anheben oder einer Dame den Hof machen, aber ein wenig galante Tändelei könnte schon sein, selbst wenn immer weniger Frauen heute noch ein Taschentuch fallen lassen, wenn sie ein Zeichen geben wollen, erst recht nicht in der Sauna.

Da sitze ich also, allein, melancholisch vor mich hin schwitzend in der besten kulturgeschichtlichen Tradition des zurückhaltenden europäischen Mannes, der weiß, dass seine Zeit schon noch kommen wird. Versonnen betrachte ich den Schweißtropfen, der sich langsam meinen linken Unterarm hinunter abseilt und ziemlich sicher auf dem Oberschenkel landen wird. Es ist schön, mit sich allein sein zu können, denke ich.

Erst sehe ich sie gar nicht. Das ist zumeist eine gute Voraussetzung, um eine Frau kennenzulernen. Man signalisiert wenig Interesse, drängt sich nicht auf. Jetzt sehe ich sie aber doch. Groß, schlank, eher knabenhaft, was eine Umschreibung für kleine, feste Brüste ist. Dunkle kurze Haare, nicht rasiert. Sie schwitzt kaum, aber das sage ich ihr natürlich nicht. Vielleicht liegt es auch daran, dass sie erst höchstens zwei Minuten in der Sauna sitzen kann. Sie lässt kein Handtuch und kein Taschentuch fallen, was ich als untrügliches Zeichen ihres Interesses hätte verstehen können, sondern legt sich einfach auf den Bauch, mittlere Holzbank, Südlage.

Wir befinden uns in einer sogenannten Heubodensauna. Rund um den Saunaofen ist altes Stroh und Gras in einem hölzernen Verschlag aufgehäuft, und es riecht ein bisschen nach Meerschweinchenkäfig. Ich fühle plötzlich, dass ich sie kennenlernen will. Ich spüre sogar, dass ich sie kennenlernen muss. Ich kann nicht anders. In mir regt sich etwas, und das duldet keinen Aufschub. Ist es Liebe? Ist es Trieb? Ist es Langeweile?

Ich drapiere mein Handtuch um. Ich will sie nicht offensiv mit meinem Geschlecht anstarren und auch nicht verschämt die Beine übereinanderschlagen, sodass Quetschungen zweiten Grades drohen. Ich lege mich daher lieber ebenfalls auf den Bauch und stütze mich mit den Ellbogen ab. Ich ziehe meinen Bauch ein, damit es nicht so wirkt, als ob er schlaff herunterhänge. Das ist anstrengend, sollte von der Seite aber ganz gut aussehen.

Mir fällt meine alte Strategie aus jugendlichen Schwimmbadtagen wieder ein. Während der Pubertät hatte ich jedes Jahr im Freibad eine Dauerkarte. Lag ein Mädchen neben mir, das ich halbwegs interessant fand, hatte ich eine, wie ich meinte, unfassbar geschickte Taktik entwickelt, um ihr näher zu kommen. Zugleich spielte mein Vorgehen auf die Themenfelder »Bewahrung der Schöpfung« und »Schutz von bedrohten Arten« an, was für uns alle damals sehr wichtig war und viele Frauen heute noch beschäftigt, auch wenn sie gerade nicht im Freibad sind.

Die Strategie ging so: Ich lag auf dem Bauch und starrte melancholisch in die Ferne. Damals musste ich den Bauch übrigens noch nicht einziehen, damit er sich von der Grasnarbe abhob. Irgendwann, ganz beiläufig, kraulte ich dann mit den Fingern im Gras in ihrer Nähe herum und rupfte ein paar Halme aus. Dann fragte ich meine Begleitung unschuldig und scheinbar gedankenverloren: »Weißt du eigentlich, was die Elefanten machen, wenn sie einen Menschen vor sich liegen sehen, so wie wir beide gerade hier liegen?«

Meine Gesprächspartnerinnen kannten sich fast nie mit Elefanten aus und zuckten meist mit den Schultern.

»Sie denken, die Menschen sind tot, und bedecken sie deshalb mit Gras und kleinen Ästen«, sagte ich. »Das ist deshalb die Taktik, die man anwenden sollte, wenn Elefanten auf einen zukommen: einfach hinlegen.«

Während ich weiter von den Bräuchen der Elefanten erzählte, streute ich nebenbei ein paar Grashalme auf die Mitte ihres Rumpfes, zwischen die beiden Bikiniteile meiner Nachbarin. Manchmal gab ich auch nur etwas Gras in die Vertiefung ihres Bauchnabels. Das kitzelte bestimmt. War es nun Wiesenrispe oder Weidelgras oder jene legendäre Mischung aus beiden Gräsern, die den Rasen in Fußballstadien so widerstandsfähig macht und sicher auch für das strapazierte Grün in Freibädern tauglich wäre? Egal.

Manchmal zog meine botanische Anmache, und die von mir Angebetete fing spielerisch eine Rauferei mit mir an – oder ich konnte die Grashalme vorsichtig wieder von ihrer zarten Bauchhaut entfernen und dabei ganz sachte und ganz kurz ihren weichen Körper berühren, was bei Frauen angeblich einen wohligen Schauer und Gänsehaut auslöst.

Wenn das Mädchen neben mir nicht weiter reagierte, konnte ich das Thema weiterspinnen, also beispielsweise darauf hinweisen, dass man zwar liegend weitgehend davor geschützt war, von den Elefanten zertrampelt zu werden. Andererseits bestand natürlich die Gefahr, dass die Elefanten in der Wahl der Äste nicht zimperlich waren und einen mit derart massiven Stämmen bedeckten, dass das Ergebnis dasselbe war.

So kam ich zwar das eine oder andere Mal zwanglos mit dem anderen Geschlecht in Kontakt. Aber lag es daran, dass aus Elefantensicht unser vermuteter Tod zwischen uns stand, die Quetschung unter illegal geschlagenen Tropenhölzern drohte oder gar der frevelhafte Schmuggel von Elfenbein? Oder lag es an ihrem Heuschnupfen, der manch zarte Annährung in einem fein dosierten Nieselregen aus Pollen, Nasensekret und Viren zerstäuben ließ? Mehr wurde jedenfalls nie daraus, obwohl ich die Masche immer wieder versuchte.

Aber immerhin war es fast jedes Mal ein Anfang, die Anbahnung gelang oft. Heute, mit so viel mehr Erfahrung und Gelassenheit, könnte sich die Strategie vielleicht immer noch als ganz tauglich erweisen, wer weiß. Ich liege also nicht weit von dem kleinen Heuschober entfernt, der um den Ofen herum mitten in der Sauna angebracht ist. Vorsichtig, sie soll ja nichts von meinen Plänen bemerken, robbe ich auf meinem Handtuch ein wenig vorwärts, ganz langsam, zentimeterweise.

Wie ich da so schwitzend auf dem Bauch vorrutsche, habe ich Sorge, dass ich in den Holzritzen der Saunabank hängen bleibe. Aber das Handtuch hält stand und bewahrt mich vor etwaigen Splittern. Jetzt ist das Heu in greifbarer Nähe. Aber was mache ich, wenn es nicht nur so riecht, sondern es sich tatsächlich in dem Trog nicht nur um naturweiche Gräser handelt, sondern auch um Meerschweinchenstreu? Ich kann sie doch unmöglich mit diesen harten Bollen bewerfen, die fast die Konsistenz von Steinen haben.

Ich liege jetzt ebenfalls auf der mittleren Saunabank, das Heizaggregat und die Heuvorräte sind etwas tiefer angebracht. Der Saunameister war gerade erst da für den letzten Aufguss. Die Zeichen stehen gut, dass wir eine Weile ungestört sein werden. Noch ist die Luft etwas neblig, sodass sie von meinem Vorhaben kaum etwas mitbekommen dürfte.

Wie zufällig lasse ich meine linke Hand herunterbaumeln. Ich werde gleich ebenso zufällig in den Futtertrog mit dem aromatischen Heu greifen, werde ein paar Halme erhaschen und sie dann, ganz zufällig, in ihre Richtung werfen. Sie liegt auf der mittleren Bank im rechten Winkel zu mir. Sie hat sich umgedreht, liegt auf dem Rücken und starrt an die Decke. Ich werte das als ein Zeichen ihrer Offenheit. Langsam gleitet meine Hand hinab. Ich taste mich behutsam vorwärts und bin aufgeregt, ob das Manöver gelingen wird. Gleich, jetzt sind es nur noch wenige Zentimeter. Zum Heu, nicht zu ihr.

»Aua, Mist!«

Ich hatte in der dunstigen Atmosphäre übersehen, dass die Holzumrandung des Troges, der die Heuvorräte enthält, mit einer schmalen Metallleiste eingefasst ist. Meine zart tastende Hand ist an das fast glühende Metall geraten und scheint in Flammen zu stehen. Alles zieht sich in mir zusammen, wirklich alles.

Ich hüpfe von der Saunabank hoch, als läge ich auf glühenden Kohlen. Das soll man zwar nicht tun, um den Kreislauf nicht zu überlasten und ohnmächtig zu kollabieren, aber das ist mir im Augenblick egal. Ich renne aus der Hitzekammer, ramme eine nackte Schöne, die gerade aus der Schlauchdusche kommt, und springe sofort in das Kaltwasserbad, ohne mir vorher Beine oder Arme kalt abzuduschen. Das ist gegen die Saunaregeln. Ich weiß nicht, ob es zischt, als ich eintauche, aber es dauert eine Weile, bis meine verwundete Hand und ich abgekühlt sind.

Unter Schock verharre ich noch lange im eiskalten Wasser, sehr lange, zu lange. Ich bleibe dort, bis ich blau anlaufe, am ganzen Körper zittere und überall zusammengeschrumpelt bin. Als ich ein paar Minuten in der Kälte des Eiswassers gestanden bin und langsam unsicher werde, ob nicht besonders exponierte Teile von mir schon erfroren sind, kommt sie. Sie geht – eingewickelt in ein warmes, flauschiges Handtuch – am Beckenrand vorbei und lächelt mich hintergründig an.

Abgeschieden

Alex ist gerade von seiner Dienstreise zurückgekommen. Euphorische Stimmung sieht anders aus. Das verunglückte Rendezvous in der Sauna zehrt an ihm, er ist innerlich verwundet, aber Clara kann er davon natürlich nicht erzählen oder sie gar um Trost bitten. Sie steht im Schlafzimmer vor dem Schrank und zieht sich gerade um. Er geht hin, haucht ihr einen Begrüßungskuss auf die Wange. Sie steht dort in Unterwäsche, und sie trägt das Seidenhemd, das er so gerne mag.

»Ich muss gleich los, mach mal bitte Platz.«

»Wohin geht's denn?«

»Ich will noch zu diesem Vortrag über Männer, die freiwillig jeder fleischlichen Lust entsagen.«

»Oje, ist es das, was du langfristig mit mir planst? Muss ich dazu Vegetarier werden oder mich kastrieren lassen?«

»Du musst nicht immer alles auf dich beziehen. Wenn man den ganzen Tag mit Männern zu tun hat, die an ihren Potenzschwierigkeiten fast zugrunde gehen und deshalb den Untergang des Abendlandes befürchten, ist es eine wohltuende Abwechselung, auch mal von Männern zu hören, die etwas anderes im Kopf haben.«

»*Ich* habe keine Potenzprobleme.« Mit der linken Hand umfasst Alex Clara von hinten. Er greift an ihren Bauch, seine Finger gleiten langsam höher.

»Vergiss es, ich muss los. Das Essen für die Mädchen steht schon vorbereitet im Kühlschrank, du musst es nur noch warm machen.«

Alex streichelt Clara am Rücken. Sie duftet nach einer Bodylotion mit Vanille und Kokosmilch. Und sportlich durchtrainiert ist ihr Körper immer noch, trotz ihrer mittlerweile 39 Jahre, trotz Zwillingsschwangerschaft und Geburt. Er fährt mit dem Finger ihre Wirbelsäule entlang.

»Lass das doch, ich mag das nicht«, herrscht sie ihn an und schiebt seine Hand unsanft zur Seite. »Du weißt doch, wie billig ich das finde, das sind die primitivsten Männerfantasien.«

»Autsch«, Alex pustet theatralisch auf die Finger seiner linken Hand.

»Fehlt nur noch von hinten, in der Küche, während ich die Waschmaschine ausräume. Und stell dich nicht so an. So schlimm war das nun auch wieder nicht«, sagt Clara.

»Aber ich habe mir gestern die Finger verbrannt«, sagt Alex und schleicht ins Wohnzimmer.

Die Kinder spielen in ihrem Zimmer, er wird noch ein bisschen lesen. Vielleicht was über Tiere, die vorwiegend als Einzelgänger leben.

Clara wirft ihm von Ferne eine Kusshand zu, schärft ihm noch mal ein, die Zähne der Kinder gründlich nachzuputzen und sie nicht wie beim letzten Mal nach zehn Sekunden mit der Zahnbürste im Mund schon ins Bett zu lassen. Dann ist sie weg.

Ruhe. Frieden. Nur ein Mann allein mit sich und seinen zwei Töchtern, die irgendwo in der Wohnung ihr Lillifee-Album umdekorieren. Miriam und Rebecca spielen gerne miteinander, obwohl sie Zwillinge sind. Seit sie vor ein paar Monaten fünf geworden sind, kann Alex sie immer besser unterscheiden. Beide sind zwar strohblond und haben die gleiche Kurzhaarfrisur und meist auch das Gleiche an. Aber Miriam wird etwas kräftiger und ist inzwischen mindestens einen Zentimeter größer als Rebecca.

Alex schenkt sich einen Whisky ein, vermutet, dass alles nutzlos ist, hört ein Album von Bob Marley und denkt sich ganz weit weg in eine Hütte hinter den sieben Bergen, wo er allein vom Holzfällen und Fallenstellen leben würde und Pelzhändler sowie ein paar friedliche Eingeborene der einzige menschliche Kontakt wären, den er hätte und brauchte. Keine Frauen, kein Ärger.

No woman, no cry … Jeder westliche Mann versteht dieses Lied als eine Art Weltformel für die einzig gelingende Beziehungskonstellation zwischen Mann und Frau: Willst du keinen Stress haben, halte dich für einen Moment von den Frauen fern – und lass diesen Moment ruhig ein wenig länger andauern. Nein, nicht so kurz. Noch länger, dann klappt es vielleicht.

Aber Bob Marley hat den Song in seinem Pidgin-Englisch als eingängiges Trostlied für betrübte Frauen gesungen und ganz anders gemeint, etwa nach dem Motto: »Nein, Mädchen – weine nicht«, aber diese Botschaft ist nie so recht in der Männerwelt angekommen.

Alex sieht sich also einsam, aber zufrieden mit sich und der Welt vor seiner selbst gebauten Hütte sitzen, tief in den Wäldern, ein Pfeifchen schmauchend, unten ruht der klare See, aus dem er sich gleich mit der Hand noch ein paar Fische zum Abendessen fangen wird. Das Feuer glimmt schon. Vielleicht kommt einer der Trapper vorbei, die hier alle zwei Monate mit ein paar Fellen und Pelzen zu den großen Handelsrouten ziehen. Er wird dann mit einem von ihnen am Feuer sitzen, und sie werden lange miteinander schweigen und das gute Gefühl haben, dass es echte, wahre Freundschaft, die auf tiefem gegenseitigem Einverständnis beruht und nicht alles zerreden muss, nur unter Männern gibt.

Das Telefon klingelt. Alex will erst nicht drangehen, denn in den Wäldern tief hinter den sieben Bergen bei den Trappern und Fallenstellern gibt es kein Telefon, nicht mal ein Mobilfunknetz, andererseits könnte es auch seine Mutter sein, die anruft.

Es ist Dorothee.

»Gut, dass ich dich erwische, Alex. Du kannst es dir nicht vorstellen, aber Martin will nicht zu eurem Fest kommen. Er will überhaupt nicht kommen.«

»Also er kommt nicht, heißt das?«, fragt Alex, der die

Steigerung von nicht kommen zu überhaupt nicht kommen nicht sofort versteht.

»Nein, garantiert gar nicht.«

Das klingt mächtig entschlossen, und Dorothee wird Alex sicher gleich darüber aufklären, warum Martin offenbar besonders entschieden und bestimmt nicht und auf gar keinen Fall partout nicht kommen will.

Die Logistik geht für Dorothee allerdings vor. »Ihr müsst euch endlich überlegen, ob ihr nicht noch andere Männer einladen wollt«, sagt sie. »Es geht ja sonst nicht auf, und dann sitzt irgendwo eine Frau ohne Tischherren herum. Wenn das so weitergeht, sind mehrere Damen beim Fest ohne Begleitung.«

»Das entscheiden wir kurzfristig«, sagt Alex. »Die Männer-Frauen-Quote können wir auch am letzten Tag noch korrigieren.«

»Ich will aber nicht irgendeinen Dahergelaufenen von der Straße, den du kurz zuvor angesprochen hast.«

Dann erläutert sie ihm die näheren Hintergründe von Martins plötzlichem Gesinnungswandel. Er hat offenbar den Kontakt zu allen Freunden abgebrochen, konsequent. Er will allen weltlichen Genüssen abschwören. Einen radikalen Schlussstrich ziehen. Gut, ein bisschen eigen sei er ja vorher schon gewesen, meint Dorothee. Er hat eine Stelle als Forschungsleiter im Labor und verschleißt im Jahr mehrere MTA. Sie halten es einfach nicht lange mit ihm aus, weil er so penetrant schweigsam ist. Er redet so gut wie gar nicht. Er druckt seinen Mitarbeiterinnen die Versuchsanleitungen aus, gibt sie ihnen mit einem knappen »Hier!« und spricht dann kein Wort mehr, bis die

Ergebnisse vorliegen. Meistens gibt es aber keine Ergebnisse, denn die Mitarbeiterinnen kündigen schon, bevor sie eine Versuchsreihe beenden können.

Manchmal vermutet Alex, dass Martin seine Laborforschung nur dazu benutzt, um ein viel größeres Experiment abzuschließen. Was Martin mit seinen Mitarbeitern macht, erinnert Alex frappierend an die Waisenkinder, die der Stauferkaiser Friedrich II. im 13. Jahrhundert angeblich ohne jede menschliche Zuneigung großziehen ließ. Sie bekamen zwar genügend zu essen und zu trinken, aber jeder Kontakt, jede Berührung, jede Form der Wärme, ja sogar jedes Wort, wurde ihnen verwehrt. Glaubt man der Überlieferung, hat keines der Kinder diesen Entzug aller Gefühle und der Sprache überlebt. So weit kommt es bei Martins Mitarbeitern noch nicht, sie wechseln den Arbeitsplatz, bevor die Auswirkungen schlimmer werden können.

Seinen Urlaub verbringt Martin traditionell immer allein in einem Schweizer Schweigekloster. Dorthin zieht er sich jeden Sommer für vier Wochen mit ein paar Büchern höherer Mathematik zurück. Man kann sich nicht vorstellen, dass er Schwierigkeiten hat, sich einen Monat an das Schweigegelübde zu halten. Wahrscheinlich spricht er, allein um die Formalitäten bei der Ankunft und Abreise zu regeln, mehr als an manchen Monaten im Labor.

Insofern ist Martins Wandlung nicht völlig überraschend gekommen. Man muss seine Entscheidung wohl eher als eine Weiterentwicklung verstehen, hin zu einer höheren Stufe der verbalen Entsagung und des Verzichts. Jetzt will er zurück zum Ursprung, was immer er darunter versteht – wahrscheinlich die Kommunikationsbereitschaft einer Amöbe oder anderer Einzeller, die er im Labor unter dem Mikroskop untersucht.

Dorothee erzählt, Martin sei offenbar gerade damit beschäftigt, sich ohne jegliches Werkzeug und nur mit den bloßen Händen ein primitives Boot zu bauen. Damit will er demnächst den Atlantik überqueren, wenn Dorothee in ihrer Aufregung nicht den Ozean verwechselt hat. Er will dann nach ein paar Monaten in Kanada landen und sich dort in den Wäldern eine Hütte bauen und als Selbstversorger leben, bis er die Antworten auf ein paar ganz grundsätzliche Fragen gefunden hat. Das kann dauern, auch wenn Alex sich fragt, worüber Martin die ganze Zeit nachgedacht hat, in der er bisher schon nichts gesagt hat.

»Wo kann ich Martin finden, wo baut er sein Boot?«, unterbricht Alex Dorothees Redeschwall.

Schlechtes Programm

Wir sind uns schon lange nicht mehr näher gekommen. Kein Begrüßungskuss, kein Händchenhalten, kein Aneinanderkuscheln abends. Ich habe Clara das letzte Mal berührt – und zwar an der Hand –, als ich ihr vor ein paar Tagen die Einkaufstasche abnahm. Auch jetzt beim Frühstück deutet nichts darauf hin, dass es heute anders sein wird. Ich habe zwar gestern im Institut umfangreiche Statistiken über die Wollustgefühle im Schlaf von

Menschen und Menschenaffen gelesen und trage sie jetzt Clara vor. Sagenhaft. Bis zu 27 sexuelle Fantasien spielen sich nachts ab, nicht nur bei Männern, auch bei Frauen. Ich erwähne beiläufig diese interessanten neuen Forschungsergebnisse, aber Clara reagiert nicht besonders empathisch darauf, sondern köpft mit einem satten Schlag ihr Ei.

Abends liegt irgendetwas in der Luft. Clara hat Papierkram erledigt und ein bisschen gelesen. Ich will Papierkram erledigen und ein bisschen lesen. Ich habe dann aber doch einen deutschen Krimi mit deutschen Schauspielern, der in Italien spielt, im Fernsehen angeschaut. Das ist lächerlich, denn die deutschen Schauspieler wirken wie schlecht gecastete Urlauber, die zufällig in eine italienische Klischeeszenerie geraten sind. Jeder Besucher eines Cafés wirkt authentischer als diese Hauptdarsteller, die versuchen, bewusst cool und lässig zu sein, was aber besonders danebengeht.

Sogar die Komparsen in »Pippi in Taka-Tuka-Land« sehen echter aus. Teile dieses Films, besonders die Strand- und die Bootsszenen, wurden auf Barbados gedreht, und erst vor Ort in der Karibik fiel den Regisseuren auf, dass sie viel zu wenige hellhäutige Statisten dabeihatten, die aber für die Besatzung der Piratenschiffe nötig gewesen wären. Deshalb wurden einige europäische Touristen aus den umliegenden Hotels gefragt, ob sie kleinere Rollen in dem Pippi-Film übernehmen könnten. Die Urlauber waren froh über die Abwechslung und spielten begeistert mit, der Legende nach waren sogar einige Millionäre darunter.

Meine Unzufriedenheit und meinen Selbsthass kann ich am besten steigern, wenn ich im Fernsehen einen schlechten Film ansehe und mich die ganze Zeit darüber ärgere, wie furchtbar schlecht der Film ist, aber trotzdem nicht ausschalte. Irgendwann weicht der Ärger über den Film dem Ärger über meine fehlende Entschlossenheit, dem gruseligen TV-Erlebnis ein Ende zu setzen. Ich verfalle dann in eine allgemeine Larmoyanz über mich, den Niedergang der Fernsehunterhaltung, tadele mich wegen meines selbst von grottenschlechter Filmqualität nicht zu erschütternden Konsumverhaltens und überlege, wie vielen sinnvollen Tätigkeiten ich in dieser Zeit nicht nachgegangen bin. Will ich mich runterziehen, muss ich nur lange genug Schrott im Fernsehen anschauen.

Der Film neigt sich seinem erwartbaren Ende zu, da verkündet Clara beiläufig aus ihrem Arbeitszimmer, dass sie jetzt ins Bett geht. Ich weiß, dass sie es gar nicht mag, wenn ich mich ihr sofort anschließe und hinterherpirsche. Sie denkt dann, ich warte nur darauf, bis ich mich an sie ranrobben kann. Also schalte ich um zum Bildschirmtext, merke mir die Uhrzeit und beschließe, ihr maximal zehn Minuten Vorsprung zu geben. Wenn ich mein Zu-Bett-geh-Zeremoniell zu früh einleite und auch schon mit dem Zähneputzen beginne, während sie noch damit beschäftigt ist, beschwert sie sich meistens, dass sie nirgendwo etwas Zeit für sich haben könne und nicht mal im Bad ungestört sei.

Zehn Minuten später ist der schlechte Krimi zwar noch immer nicht ganz vorbei, aber ich weiß, dass der Commissario die gemeinen Erpresser und Frauenhändler schon bald kriegen wird und seine eigene Frau, die er immer wieder versetzt hat, ihm spätestens in der Schlussszene verzeihen wird, denn was sind schon die enttäuschten Erwartungen einer Ehefrau gegen den unermüdlichen Kampf gegen das organisierte Verbrechen.

Ich schalte den Fernsehapparat also vor Ende des Films aus und schleiche mich ins Badezimmer. Ich beeile mich mit dem Zähneputzen und erwische Clara noch lesend. Glück gehabt. Sie hat die Nachttischlampe noch nicht gelöscht, die Zeichen stehen also günstig. Beiläufig lege ich mich ins Bett. Ich will so tun, als ob ich zufällig ebenfalls genau zu dieser Zeit ins Bett gehe, verkneife mir aber zu sagen: »Ach, du auch hier?«

Sie liegt auf der Seite, hat mir den Rücken zugewandt. Ihr kastanienbraunes Haar lockt sich verlockend in meine Richtung. Ideal zum Löffelchenmachen. Ganz beiläufig lege ich meine Hand auf ihre Hüfte und wünsche ihr eine gute Nacht. Vielleicht kommen wir uns ja gleich näher, sie wird sich im Halbschlaf zu mir drehen und mich in den Arm nehmen. Sie wird mich mit ihren Küssen bedecken, mir den Pyjama vom Leib reißen, und ich werde mich ihrer zärtlichen Attacken kaum erwehren können und schließlich nachgeben. Ihr zuliebe.

Männerfantasien. Sie rückt von mir ab und vergrößert die freie Bettlakendistanz zwischen uns auf mindestens 60 Zentimeter. Dann fordert sie mich freundlich, aber entschieden auf, die Hand von ihrer Seite zu nehmen, wo ich sie bei dieser Entfernung eh nur noch unter größten Anstrengungen und Verrenkungen halten kann. Clara will unabhängig und selbstbestimmt einschlafen. Sie will frei entscheiden, was sie wann zulässt und was nicht. Sie braucht Zeit für sich, sagt sie, und dazu gehören immer wieder Phasen, in denen sie ungestört über sich und ihren Körper verfügen kann.

Was sie mir an unveräußerlichen Grundrechten über das nächtliche Einschlafen entgegenbringt, klingt ein bisschen wie die Freiheitserklärung für El Salvador oder irgendeine andere lateinamerikanische Diktatur mit unterdrückten und geschundenen Menschen. Ich fühle mich schlecht und auch politisch ins Abseits gestellt. Sie gibt mir das Gefühl, dem Kampf gegen Jahrhunderte währende Unterdrückung mit meiner miesen Konterrevolution eine empfindliche Niederlage beigebracht zu haben. Ich nehme meine Hand wieder zu mir, drehe ihr ebenfalls den Rücken zu und weine lautlos.

In solchen Nächten wünsche ich mir manchmal, nicht mehr da zu sein. Ich erniedrige mich fortwährend selbst, um ein bisschen Liebe von ihr zu erhaschen. Ich richte meinen Tagesablauf nach ihr und bin sogar bereit, das Fernsehprogramm früher abzuschalten, um eine kleine Chance zu haben, ihr näher zu kommen. Ich kenne natürlich das alte Spiel aus Nähe und Distanz. Ich weiß, dass sie immer weiter und immer häufiger auf Distanz geht, je stärker ich ihr auf die Pelle rücke. Ich müsste mich unabhängig von ihr machen, sie manchmal sogar ignorieren, dann bin ich wahrscheinlich wieder interessant für sie.

In der nächsten Woche bin ich konsequent. Ich schaue jeden Tag schlechte Filme bis zu ihrem schlechten Ende an. Egal, wann sie ins Bett geht. Das ist an Selbstfolter kaum zu überbieten. Ich schaue sogar kleine Fernsehspiele. Sie geht jeden Tag mindestens eine Stunde vor mir ins Bett, und ich versuche, sie gar nicht weiter zu beachten.

Nicht ein einziges Mal wird sie wach, wenn ich mich hinlege. Nicht ein einziges Mal dreht sie sich zu mir um, während ich neben ihr wache. Ich liege sehnend in meinem Bett, zähle die Sekunden und Minuten, die verrinnen, bis ich in schweren und traumlosen Schlaf falle. Ich habe es vorher gewusst. Eine ganze Woche lang belästige ich sie nicht, lasse sie in Ruhe und gehe erst ins Bett, wenn es mir passt. Aber sie nimmt nicht ein einziges Mal Notiz davon.

In der Männergruppe

Es gibt Sätze, die hört Alex von seiner Liebsten immer wieder. Wie schrecklich sie sind, merkt er erst, wenn er den Raureif der Gewöhnung von ihnen abstreift. Denkt er etwas länger darüber nach, in welchen bescheuerten Abhängigkeiten er und Clara sich mittlerweile verfangen haben oder wie sehr sie sich mit der Zeit gegenseitig abhandengekommen sind, graust es ihn mal voreinander, mal vor sich selbst.

Die meisten der eingeübten Gesprächsrituale zeigen die Trümmer der Beziehung schonungslos an. Was sie zu ihm sagt, wenn er das heikle Thema Sex in der Ehe anspricht, gehört zu den Klassikern zwischen Alex und Clara: »Frag doch mal deine angeblichen Freunde, wie das bei denen so ist.«

Das hat gleich mehrere Untertöne. Ein bisschen was von »Frag doch mal nach dem Weg«. Das heißt, trau dich endlich, darüber zu reden, wenn du Vollpfosten schon so vollkommen ahnungslos bist.

Aber natürlich schwingt auch die Beleidigung mit: Jeder blöde Nachbar weiß es eh besser als du – und echte Freunde hast du sowieso keine.

Diese Beziehungsbrandsätze werden vor allem am Wochenende gezündet. Der Samstag verläuft bei Alex und Clara immer ähnlich. Die Kinder lassen sie immerhin bis halb neun in Ruhe. Alex stellt sich deshalb jedes Mal vor, Clara im Halbschlaf zu überraschen. Aber sie will lieber ausschlafen. Also zieht er sich an, macht Frühstück und versteckt sich hinter der Zeitung. Sie erledigt den Einkauf, Alex fährt in den Baumarkt. Diesmal will er ein Gartenhäuschen aufrichten. Es ist ein Bausatz für den ambitionierten Heimwerker, und er besteht aus mindestens tausend Einzelbrettern. Wenn die Hütte fertig ist, steht sie zwar nicht in Kanada, aber er hat sie wenigstens mit seinen eigenen Händen gebaut.

So wie dieser Bausatz kommt Alex manchmal seine Ehe vor: zerfasert, unfertig und in seine unlackierten Einzelteile zerlegt. Ist da überhaupt noch etwas zu retten, haben sie noch etwas Verbindendes? Aus Fischsuppe kann man kein Aquarium mehr machen, sagt sein Angelfreund Theo immer, wenn beide über die Zerrissenheit der Welt sprechen.

Sie braucht endlich mal ein bisschen Zeit für sich, denkt Clara. Aber Sonntag früh sind sie wieder zum langweiligen Brunchen bei langweiligen Freunden eingeladen.

Anschließend wird Alex noch kurz mit den Kindern im Garten spielen, abends werden sie den »Tatort« ansehen.

»Ich mag deine Freunde nicht«, sagt sie, als Alex vom Bretterpuzzle im Garten wieder ins Haus kommt. »Die nerven. Von denen kommt nie was Neues. Wir müssen immer das Gespräch am Laufen halten.«

»Aber es sind doch *deine* Freunde, bei denen wir zum Brunchen eingeladen sind«, entgegnet Alex irritiert. Dieses Gespräch folgt einem Ritual, das beide eigentlich schon kennen müssten.

»Egal, du weißt trotzdem nie, wie die Freunde deiner Kinder heißen, und erst recht nicht, wie ihre Eltern heißen«, sagt sie. »Das interessiert dich doch überhaupt nicht.«

Sie brunchen trotzdem mit den langweiligen Freunden und halten das Gespräch am Laufen, sehen den »Tatort« und freuen sich schon auf den Montag, wenn beide wieder arbeiten können.

Alex hat eine kleine Umfrage zu dem Thema »Selbstzerstörung in der Ehe« in seinem Institut gestartet, und die wird er fortführen. Er hat seine Kollegen aufgefordert, die häufigsten Sätze in chronischen Paarbeziehungen zu benennen. Er hat nur die männlichen Kollegen gefragt und bereits angefangen, die einzelnen Reaktionen in einer Powerpoint-Präsentation zusammenzustellen, wie er das von seinen Affenstudien gewohnt ist. Er weiß noch nicht, ob er die Antworten je für seine Forschung gebrauchen kann. Seine Erhebung fördert immerhin erstaunliche Juwelen menschlichen Paarverhaltens zutage, manchmal sind es auch nur Zeichen der Niedertracht.

Herrlich ist die spontane Reaktion von Jens, der die regelmäßige Klage seiner Partnerin wiedergibt: »Der Rauch zieht immer zu mir.«

Auch hübsch: »Du musst mal wieder zum Wertstoffhof.«

Geradezu hinterhältig ist die an den Mann gerichtete Frage in Familien mit kleinen Kindern, die Hubert als die mittlerweile einprägsamste Lebensäußerung seiner Frau einfällt: »Wer war zuletzt auf dem Klo?«

Daniel hört von seiner Liebsten immer wieder: »Du musst mehr mit mir kommunizieren.« Sie sagt tatsächlich »kommunizieren« und nicht »reden« oder »sprechen«, was für ganz verschärfte Bedingungen an der Heimatfront spricht und die meisten Männer an seiner Stelle wohl zu sehr grundsätzlichen Erwägungen veranlassen würde.

Originell ist auch der permanente Vorwurf an Christian, dessen Frau eine Anwaltskanzlei betreibt: »Peter kennt die Kanzlei von Sybille viel besser als du meine.«

Die Frau von Peter hat auch einen Lieblingssatz: »Sind wir eigentlich noch in Kontakt miteinander?«, fragt sie ihn von Zeit zu Zeit, und er muss sich jedes Mal die Bemerkung verkneifen, dass sie ihn ja als Kontakt in ihrem Mailprogramm hinzufügen oder besonders markieren kann, wenn sie Sorge hat, seine Adressdaten zu verlieren.

Die anderen erleben den üblichen alltäglichen Wahnsinn. »Ich dachte, *du* hättest das längst erledigt«, ist so ein Klassiker, mit Betonung auf dem langen duuuu.

Ein Spezialfall liegt sicherlich bei Matthias vor: »Hast du wieder meine Yogamatte als Unterlage benutzt, um dein Auto zu reparieren?«, fragt ihn seine Frau regelmäßig.

Bei Harald geht es eher um körperliche Mängel, vielleicht liegt hier sogar ein ernstes medizinisches Problem vor, das er mal untersuchen lassen sollte. Immer wieder sagt er zu seiner Frau, dass sie doch bitte schön etwas lauter reden soll. »*Ich* muss nicht lauter reden, *du* musst zum Ohrenarzt«, entgegnet sie ihm dann giftig.

Stefan hat hingegen schon resigniert. Seine Frau ist ziemlich anglophil und auch sonst eine verblasene Zicke. Sie hat mal ein Jahr in Australien an einer Universität unterrichtet. Sobald sie ihn im Badezimmer sieht, schaut sie in den Spiegel und wirft ihm jenen Merksatz entgegen, der auf jedem Autorückspiegel im englischsprachigen Raum angebracht ist: »Objects in the mirror are closer than they appear.« Das klingt zwar wahnsinnig geistreich und weltläufig, aber er weiß, dass es auch nichts anderes bedeuten soll als die unmissverständliche Aufforderung: Verpiss dich, ich will allein sein.

Bauch, Beine, Po

Mir bereitet die Auswahl der richtigen Accessoires viel Mühe. Ich bin der Überzeugung, dass es eigentlich am Morgen danach notwendig ist, in Boxershorts vor dem Spiegel im Bad zu stehen und sich in Ruhe nass zu rasieren. Irgendwann würde mir dann der Kaffeeduft in die Nase steigen, und sie würde barfuß und nur mit einem an den Armen hochgekrempelten und weit aufgeknöpften Bürohemd von mir bekleidet ins Bad kommen. Sie würde mir von hinten um den Bauch fassen, was mich aber nicht aus der Ruhe bringen würde, da ich ja gerade dabei wäre, mir konzentriert ein paar Stoppeln von der Wange zu kratzen.

Das Problem daran ist: Ich mag keine Boxershorts, und ich bevorzuge Elektrorasierer. Aber ohne diese romantische Vorstellung vom Morgen danach lassen sich Frauen wie Clara offenbar auch nicht auf den Abend davor ein.

Was soll ich tun, ich will ja authentisch bleiben. Was die Unterhosen angeht, baumelt mir in Boxershorts entschieden zu viel hin und her. Das stört. Ich mag die klassische, eng anliegende Variante, und ehrlich gesagt kenne ich keinen einzigen Mann, der im Alltag gerne weite Boxershorts trägt. Vielleicht ziehen sie welche an, wenn sie auf die Pirsch gehen, das kann sein. So ähnlich ist das auch mit den Schlafanzügen. Natürlich sehen Pyjamas, klassisch geschnitten und vorn mit einer Knopfleiste, besser aus. Aber ich finde nun mal diese Frotteeschlafanzüge mit den mehrfarbigen Mustern und Motiven viel kuscheliger, weil die Knöpfe an den Pyjamas immer drücken, erst recht, wenn man schon Ende 30 ist.

Für die Nassrasur ist mein Gesicht einfach nicht geeignet. Der Bereich zwischen Mund und Nase, dort, wo die peinlichen Oberlippenbärte wachsen, ist bei mir besonders empfindlich. Mit einem Nassrasierer kann ich da nicht ran, das geht nur mit einem sanfteren Elektrogerät. Obwohl die Rasiererindustrie jedes Jahr eine neue technische Revolution ausruft, sodass man das Gefühl hat, sich bisher mit einem stumpfen Gurkenhobel im Gesicht herumgeschabt zu haben, ist die Entwicklung noch nicht weit genug – zwischen Mund und Nase tut es mir immer noch höllisch weh. Aber kann das der Grund dafür sein, dass Clara und ich nicht öfter zueinanderfinden?

Ich habe Clara sogar schon dieses Liebe-dich-selbst-Buch geschenkt. Wenn man mit sich im Reinen, ausgeglichen und zufrieden ist, kann man auch mit einem Mülleimer zusammen sein und wird Befriedigung in der Partnerschaft finden, lautet die Botschaft dieses Werkes, wenn ich es richtig verstanden habe. Allerdings bin ich mir nicht sicher, ob das eine so gute Idee ist für mein eigenes Selbstverständnis. Schließlich haben Clara und ich uns ja gefunden, weil wir uns so besonders finden und nicht weil ich mich für austauschbar halte und im Zweifel auch jeder Mülleimer meine Position einnehmen könnte.

Nicht einmal von der Wissenschaft lässt sie sich überzeugen, obwohl sie Medizinerin ist. Es wird viel geschrieben über das Kuschelhormon Oxytocin. Ich finde die Theorie sehr überzeugend, wonach häufige Nähe und Sexualität hormonell und neurobiologisch die Wege der Liebesmoleküle bahnen und dass es daraufhin eine Sehnsucht nach noch mehr Nähe und Sex gibt. Wenn ich diese molekularen Türöffner doch nur gezielt bei ihr anregen könnte, dann würde sich ein Wasserfall der Liebe und der Zärtlichkeiten über mich ergießen, vor dem ich mich kaum noch retten kann. Es geht ja nur um den Anfang. Gibt es Oxytocin nicht auch als Nasenspray?

Doch weder das Liebe-dich-selbst-Buch noch die Hormonartikel, die ich für sie kopiert habe, hat Clara gelesen. Auch meinen Lebensmittelampel-Vorschlag mit den Rot-, Gelb- oder Grün-Empfehlungen für unsere Annäherungen will Clara nicht aufgreifen, dabei ist der doch wirklich verbraucherfreundlich.

Ich habe mir daher eine weitere Technik für die Verbesserung unserer Beziehung ausgedacht. Ich berühre vorsichtig ihren Oberschenkel, wenn sie schläft. Dafür muss ich allerdings erst eine bestimmte Stelle finden. Habe ich aber den richtigen Punkt erwischt, reagiert ihr Bein ein bisschen so wie ein Kuhhals, wenn ein paar Mücken oder Fliegen darauf sitzen und die Wiederkäuer plötzlich rhythmisch mit dem Halsmuskel zucken. Erst kurz, dann noch mal, schließlich mehrfach hintereinander. Kühe können sich ja schlecht am Hals kratzen. Bei der Kuh fliegen meistens die Mücken weg, wenn sie zuckt.

Von Clara erhoffe ich mir eine andere Reaktion, und die könnte so gehen: Sie zuckt erst am Bein, dann ergreift die Bewegung auch ihre anderen Körperteile. Es ist wie in diesem Kinderlied: »Ins Wasser fällt ein Stein, ganz heimlich still und leise. Und ist er auch noch klein, er zieht doch große Kreise.« So ungefähr stelle ich mir das im Idealfall vor. Es scheint sich um einen wunderbaren Automatismus des autonomen Nervensystems zu handeln, der nicht mehr zu stoppen ist, wenn er einmal in Gang gesetzt wurde. Man liest ja immer wieder von Triggerpunkten für erogene Zonen. Man muss den Zauberort nur finden – und die Welt fängt an zu schwingen. Wenn ich ihr Bein vorsichtig berühre, zuckt es jedenfalls gelegentlich ganz kurz. Das ist ein Anfang.

Es ist schon weit nach Mitternacht. Sie ist endlich eingeschlafen. Das ist das Signal. Jetzt ist es so weit. Ich habe eine Weile auf ihre Atemzüge gelauscht, die mittlerweile beruhigend tief und regelmäßig klingen. Langsam setze ich meine Hand in Bewegung. Ich schiebe sie in ihre Richtung, taste mich langsam weiter vor und überquere die Besucherritze zwischen den beiden Matratzen. Jetzt ist meine Hand unter ihrer warmen Bettdecke. Sie atmet plötzlich flacher, ich halte inne, verhalte mich mucksmäuschenstill, wie ein Räuber, der vom Wachpersonal überrascht zu werden droht. Ich zähle leise vor mich hin. Keine Schäfchen, ich will ja nicht einschlafen, nur Zahlen.

Nachdem ich bei 30 angekommen bin, kann es weitergehen. Inzwischen ist ihr Atem wieder etwas tiefer und ruhiger geworden, das lässt hoffen. Ich spüre die Wärme ihres Körpers, je näher ich ihm komme. Jetzt sind es nur noch wenige Millimeter. Die erste Berührung ist entscheidend für den weiteren Verlauf, jetzt steht es auf der Kippe. Ich darf sie nicht zu spitzfingrig anfassen, aber auch nicht zu breitflächig. Und es darf sie auf keinen Fall kitzeln. Manchmal dreht sie sich sonst sofort weg und hüllt sich so tief in ihre Decke ein, dass sie wie in einem Schlafsack auf den Seitenteilen des Plumeaus liegt und nicht mehr ohne größere Entfesselungskünste zu erreichen ist.

Ihr Körper spricht sehr unterschiedlich auf meine spontanen Berührungen im Schlaf an. An Schultern und Armen reagiert sie auf die Tastversuche so, als ob sie gekitzelt würde. Das ist nicht gut. Außerdem liegen Schultern und Arme zu weit vom eigentlichen Zielort entfernt.

Das Gesicht reagiert ebenfalls überempfindlich. Berühre ich sie dort, ist sie sofort wach – dann läuft garantiert nichts mehr. Anfangs habe ich es gelegentlich an ihrem Bauch probiert, aber der ist auch nicht geeignet für meine Zwecke. Offenbar sind in der Bauchhaut zu viele Nervenenden verborgen, die registrieren, was sich auf der Bauchdecke abspielt. Man darf ihre Reaktionsschnelligkeit im Schlaf nicht unterschätzen.

Optimal geeignet sind ihre Beine. Die Außenseite ihrer Oberschenkel ist das Ziel. Nachdem ich es schon mehrmals erfolglos probiert habe, versuche ich nunmehr möglichst sanft auf ihrem Oberschenkel zu landen. Ich setze dazu aber nicht im 90-Grad-Winkel auf, sondern mit zwei, drei Fingern schräg wie ein Flugzeug auf der Landebahn. Ob oben, unten oder in der Mitte am Bein, ist egal. An der Außenseite der Oberschenkel scheint es eine besonders sensible Zone zu geben. Durch leichtes Massieren ihrer Beinmuskeln an dieser Stelle wird das zarte Gewebe zwischen Knie und Hüfte ein wenig hin und her geschoben.

»Ich bekomme schon Druckstellen an den Beinen«, herrscht sie mich plötzlich an. »Lass das endlich, es nervt.«

Und dann vergräbt sie sich gereizt unter ihrer Decke, rollt sich darin ein und zurrt die Seiten unter ihrem Körper fest wie ein Bergsteiger im Biwak auf 6 000 Metern Höhe. Sie hat zwar nicht reagiert, wie ich es ersehnt habe, aber in der eindeutigen Abwehrbewegung gleicht sie doch dem Verhalten der Kuh: Die scheucht mit einem Zucken der Haut die Mücken weg, Clara mich.

Sie findet, dass er nett ist, das schon. Und dass er spannend und unterhaltsam erzählen kann. Sie mag seinen Humor, und viele Frauen würden ihn sogar als attraktiv bezeichnen. Die dunklen Haare sind noch voll und genau die richtige Spur ungebändigt. Kein graues Strähnchen ist zu sehen. Und er kann sehr spitzbübisch lächeln. Eigentlich stimmt alles. Trotzdem hat Clara das Gefühl, dass Alex sich schon lange nicht mehr für sie interessiert. Warum sonst hat er für seine Affen deutlich mehr Zeit und Aufmerksamkeit übrig als für sie? Auf die ist er auch nach vielen Jahren noch neugierig – aber auf Clara? Alex möchte die Ehe nur noch vollziehen – und das so oft wie möglich, aber an ihr arbeiten, das möchte er nicht mehr.

Gerade hat Clara Miriam und Rebecca in den Kindergarten gebracht. Die Zwillinge wollten erst nicht, weil sie wussten, dass ihre Mutter an diesem Vormittag freihat. Doch als sie ihre Freunde Ben und Luis im Kindergarten gesehen haben, vergessen sie ihre Mutter sofort.

Clara sitzt wieder am Frühstückstisch, sie will es sich noch mal schön machen, erst nachmittags beginnt ihr Dienst in der Klinik. Milchkaffee, Croissants, Käsebrötchen, gerade hat sie ihr Frühstücksei geköpft. In der Zeitung wird in einer großen Anzeige für ein Seminar geworben: »Sind Sie noch verliebt in den eigenen Partner – oder leben Sie nur noch aneinander vorbei? Erwischt – tun Sie was dagegen! So halten Sie Ihre Beziehung frisch.«

Clara ist skeptisch, ein »Flirt- und Beziehungstrainer« bietet den Kurs an. Eine Probedoppelstunde ist umsonst, und bei Gefallen sind fünf weitere zu je 90 Euro im Angebot. »Investieren Sie in Ihre Liebe – das zahlt sich aus«, steht noch in der Anzeige. Das klingt ziemlich halbseiden, so, als ob sich der Referent selbst nicht sicher sei, wie viele Leute kommen. Das wird so ein aufgeblasener Wichtigtuer sein, denkt sie.

Clara reißt die Seite trotzdem heraus. Die Veranstaltung findet an einem Donnerstag in drei Wochen statt. Das ist sowieso ihr freier Abend, und Alex muss auf die Kinder aufpassen. Sie kann ja mal vorbeischauen. Unverbindlich. Auch wenn es wahrscheinlich Quatsch ist und ein paar Stunden gemeinsame Paartherapie lohnender wären. Mit ihrer Ehe geht das so jedenfalls nicht weiter. Ein, zwei Jahre noch, höchstens, dann werden sie sich angiften und hassen, wenn nicht endlich etwas passiert. Frisch ist ihre Beziehung schon lange nicht mehr. Eher so verdörrt wie die Topfpflanzen in Alex' Institut. Vielleicht sollte sie sich jetzt schon von ihm trennen. Andererseits – die Kinder.

Weglaufen wird er nicht. Das traut Alex sich nicht, da ist sich Clara sicher. Dazu ist er viel zu abhängig von ihr und zu unsicher, auch wenn er immer den großen Freigeist mimt, wenn andere dabei sind. Und er hängt ihr ja auch ständig am Rockzipfel. Dauernd will er ihre Nähe. Er braucht Streicheleinheiten, Aufmerksamkeit und Zärtlichkeit. Und ständig diese Sucht nach Bestätigung und Anerkennung. Aufrichtiges Interesse für sie bringt er hingegen längst nicht mehr auf. Sie sind nur noch eine planende Funktionseinheit, die Kinder versorgt, Geld ranschafft, Einkäufe erledigt. Jeder stoffwechselt lustlos vor sich hin.

Ihrer Meinung nach sollten Langeweile und Lustlosigkeit endlich in den Reigen der großen Volksleiden eingemeindet werden. Würde man die Stimmungsschwankungen in der Ehe von Clara und Alex aufzeichnen, käme wahrscheinlich ein Nulllinien-EKG heraus. Leidenschaft empfindet er bestimmt nicht mehr für sie, das ist ihr Eindruck. Die Hoffnung auf gelegentliche Triebabfuhr ist es vermutlich, die ihn trotzdem regelmäßig zu ihr treibt. Er denkt nur noch an seinen Unterleib, statt die Beziehung inhaltlich wieder auf Touren zu bringen. Können sich Männer nicht endlich mal um die wesentlichen Dinge im Leben kümmern?

Am Wochenende haben sie wieder keine Zeit, über ihre Ehe zu reden. Alex hat das Gefühl, dass er seine Mutter mal wieder besuchen muss, ein Pflichttermin. Freitagabend fahren sie zu ihr. Fast 800 Kilometer quer durch die Republik, obwohl die Kinder gar nichts von der Oma haben, weil sie zu der Zeit bei Claras Eltern sind.

Das Telefon klingelt. Wieder ist es Dorothee. Clara sollte demnächst einen anderen Klingelton für Dorothees Nummer einspeichern, dann ist sie wenigstens vorgewarnt.

»Du wirst es nicht glauben, Sophie hat sich getrennt«, poltert Dorothee sofort los. »Sie hat Ludger einfach den Laufpass gegeben.«

Nun gut, denkt sich Clara, jetzt also auch Sophie und Ludger. Jahre der Ignoranz, der Affären und Jahre der besonders großen und kleinen Gemeinheiten im Alltag haben ein Ende. »Das war ja absehbar«, sagt Clara.

»Aber die Kinder sind doch noch so klein. Und du wirst nicht glauben, mit wem sie jetzt zusammen ist.«

»Richard, Frank, Robert? Die waren doch alle hinter ihr her«, sagt Clara eher gelangweilt als interessiert. Sophie hat schon zu Studienzeiten immer wieder Hormonkrisen in größeren Männeransammlungen ausgelöst.

»Das ist es ja gerade, sie hat keinen von den üblichen Verehrern auserwählt. Auch keinen, den wir nicht kennen. Sie interessiert sich überhaupt nicht mehr für Männer und ist jetzt lesbisch geworden.«

»Je nun, das ist doch wohl nichts, was uns noch schockieren kann«, sagt Clara. »Wir leben doch nicht mehr in den Fünfzigern.«

»Sie kann ja von mir aus machen, was sie will. Aber muss sie ihre neue Freundin gleich zu eurem Fest mitbringen?«, fragt Dorothee.

»Wo ist das Problem?«

»Das müssen wir doch besprechen, schon wegen der Sitzordnung, die bunte Reihe geht dann jedenfalls gar nicht mehr auf, wenn wir einen solchen Frauenüberschuss haben.«

»Nimm es als ein Zeichen dafür, dass wir älter werden – Frauen haben sowieso eine längere Lebenserwartung als Männer«, sagt Clara, »diese Tendenz kann man eben auch schon erkennen, wenn man erst um die 40 ist.«

Immer vorbereitet

Clara ist ein paar Tage auf Fortbildung, die Kinder hat sie noch bei ihren Eltern gelassen. Ich habe in dieser Zeit also das, was unsere Elterngeneration eine sturmfreie Bude genannt hat. Ich genieße es sehr, unbestimmt in den Tag zu leben, nichts zu planen und mir nichts vorzunehmen. Ich räume nicht auf, ich lasse Zeitungen und Wäsche dort, wo ich sie zuletzt gebraucht habe. Abends mache ich es mir schön. Schön gemütlich. Ich koche eine Packung Nudeln mit Soße, und wenn ich übermütig bin, mache ich auch mal eine Dose Ravioli auf.

Nur die Spülmaschine schalte ich ab und zu an, damit es in der Küche nicht anfängt zu stinken. Ich bin wenig zu Hause, treffe mich mit Freunden, gehe ins Kino, mache viel Sport, und deshalb sieht die Wohnung trotz meiner nachlässigen Haushaltsführung immer noch ziemlich passabel aus. Manche Räume habe ich während der ganzen Woche überhaupt nicht betreten.

Clara ruft an, dass sie überraschenderweise doch schon einen Tag früher zurückkommen will als geplant. Sie wird zwar erst am späteren Nachmittag zu Hause sein, aber ich bin trotzdem schon am Morgen etwas unruhig und will mein Freizeitprogramm nicht zu ausführlich gestalten, denn ich habe ja noch viel im Haus zu tun. Zuerst fange ich mit der Küche an und wische Saftflecken, Krümel und Fettspritzer weg. Wenn Töpfe in der Spülmaschine fertig gespült sind, stelle ich sie, sobald ich allein bin, immer auf den Herd. Da braucht man sie ja auch wieder. Das mag Clara überhaupt nicht, also stelle ich die Töpfe ordentlich in den Schrank zurück. Für sie.

Ich wechsele sogar den Spülschwamm aus und ordne die Sets für den Esstisch. Sie sieht Spülschwämme vor allem als hinterhältige Bakterienschleudern an und will den Tisch schonen, indem sie immer Sets unter die Teller legt. Ich verstehe das nicht, denn der Tisch ist aus schönem Massivholz, und wenn die Sets darauf liegen, sieht man kaum noch etwas davon. Trotzdem rolle ich die Sets auseinander und dekoriere damit den Esstisch, so, wie sie es tut. Ich werfe die Stadtteilblätter und Werbebroschüren weg, die auf dem Küchentisch liegen, sortiere faules Obst aus, bringe den Müll raus, räume ein paar Stapel im Keller auf und ein paar andere Stapel im Keller hin und her, betrachte mein Werk und sehe, dass alles, alles gut ist.

Auf diese Weise gehe ich alle die Räume systematisch durch, die ich in den vergangenen Tagen benutzt habe, und stelle mir vor, was sie vielleicht noch stören könnte, mir aber bisher nicht aufgefallen ist. Das kann so viel sein! Ich nehme den Staubsauger, nicht etwa, um die ganze Wohnung zu saugen, so dreckig ist sie nun auch wieder nicht, sondern nur für das Badezimmer. Auf den weißen Fliesen sieht man Scham- und andere Körperhaare ziemlich gut, und da ich kein glatt rasierter Leistungsschwimmer bin, sondern gelegentlich spontan haare, hinterlasse ich deutliche Spuren, die Clara sehr stören. Ich bin stolz, dass ich daran gedacht habe.

Ich komme mir vor wie einer dieser Fleckenlaubenvögel. Er lebt auf Neuguinea und in Australien und muss eigentlich ziemlich bescheuert sein. Er ist zwar mit dem Paradiesvogel verwandt, aber trotzdem eher ein unscheinbarer Geselle. Um die Mädels zu beeindrucken, baut er aufwendige Nester. Je hässlicher der Vogel ist, desto hübscher wird die Hütte, die er für seine Liebste errichtet. Er nimmt dazu beispielsweise Flaschendeckel und alte Plastiktüten und verwebt sie kunstvoll mit Ästen, Blättern und Kleinholz, um seine Angebetete zu beeindrucken. Er errichtet sogar eine Art Allee und einen Maibaum vor dem Hausausgang. Je mehr Müll er findet, desto festlicher kommt ihm sein Liebesnest vor. Komischer Vogel – verkehrte Welt: Was er als Schmuck für sein Heim benutzt, um seine Liebste zu beeindrucken, muss ich wegräumen und in den Abfall geben, damit Clara sich wohlfühlt.

Ich verstaue den Staubsauger nach getaner Arbeit, kaufe anschließend ein, lüfte alle Räume und bereite sogar einen Nudelsalat für das Abendessen vor. Die männliche Skorpionsfliege überreicht dem paarungsbereiten Weibchen gerne ein nahrhaftes Drüsensekret als Brautgeschenk. Mal sehen, ob Clara meine ernährungswissenschaftlich ausgewogene Liebesgabe ebenfalls zu schätzen weiß.

Mist, die Blumen habe ich vergessen. Zwischendurch frage ich mich, ob ich mich hier gerade zum Dackel mache und wer wohl in unserer Beziehung die Hosen anhat. Blödsinn, wenn man sich liebt, kann man dem anderen auch mal eine Freude bereiten, ganz ohne Hintergedanken und ohne immer an sich und seine Stellung in der Beziehung zu denken. Da vergibt man sich nichts. Man muss das Zusammenleben von Mann und Frau nicht nur als Machtspiel sehen, es hat auch etwas von einem Kontinuum, in dem man sich mit allen Unterwerfungsgesten aneinander gewöhnt und dieses wohlige Gefühl der Abhängigkeit nicht missen will.

Clara kommt, und sie ist, freundlich ausgedrückt, etwas gereizt.

Die Fahrt ist anscheinend anstrengend gewesen, sie hat die vergangenen Nächte schlecht geschlafen und kaum das erledigen können, was sie sich vorgenommen hatte.

»Ich will jetzt meine Ruhe haben«, sagt Clara zur Begrüßung, nachdem sie mir einen flüchtigen Kuss an der Wange vorbeigehaucht hat. Sie verschwindet nach oben und ruft mir im Abgang zu: »Ich habe noch bei Gesine eine Pause gemacht und dort etwas gegessen. Wir mussten endlich mal wieder reden.«

Meinen Nudelsalat, den ich demonstrativ in die Mitte des Küchentischs gestellt habe, dort, wo die Sets eine kleine Lücke lassen, nimmt sie überhaupt nicht wahr. Ich habe sogar Kräuter und Paprika drum herumdrapiert und Gurken und Tomaten aufgeschnitten.

Sie geht in die Badewanne. Fein, denke ich, vielleicht macht das Schaumbad sie weich. Ich esse im Stehen ein paar Nudeln und ein kaltes Würstchen und wische dann ein Haar vom hellen Boden auf, das ich bei meiner Reinigungstour übersehen haben muss.

Ich bin lange vor ihr im Bett und warte schon ungeduldig auf sie. Vielleicht eine halbe Stunde, es mag auch eine Stunde sein, beinahe nicke ich ein. Tue ich aber doch nicht, dafür passiert ihr das. Clara ist in der Badewanne eingeschlafen und nicht wirklich wieder wach geworden, auch wenn sie jetzt ins Schlafzimmer gewankt kommt. Sie legt sich ins Bett und beginnt sofort, die Decke unter ihrem Körper festzuzurren, sodass ich keine Chance habe, ihr näher zu kommen. Ich müsste schon ein Messer zu Hilfe nehmen, um sie aus dieser selbst gewählten Zwangsjacke zu befreien.

»Hast du gesehen, wie viel Mühe ich mir gegeben habe, damit es dir gefällt, wenn du wiederkommst?«, frage ich. »Ich will ja nur, dass es dir gut geht.«

Wie ungeschickt von mir! Ich spüre es in dem Moment, indem ich es sage, auch wenn ich natürlich ein berechtigtes Interesse an ihrer Anerkennung habe. Wofür beziehungsweise für wen habe ich denn diesen ganzen Zauber überhaupt veranstaltet?

»Das hast du ja wohl auch für dich gemacht, oder?«, entgegnet sie, und ich spüre eine gewisse, schwer zu beschreibende Ferne zwischen uns.

Ich muss an die Postkarte denken, die mir ein Freund vor Kurzem geschickt hat. Darauf sieht man ein Paar, das gemeinsam nebeneinander im Bett liegt, aber viel Platz zwischen sich frei lässt und ziemlich desillusioniert die gemeinsame Schlafzimmerschrankwand anschaut. »Du bist so anders, seit ich dich verändert habe«, sagt sie zu ihm auf der Postkarte vorwurfsvoll. Der Mann auf der Postkarte schweigt.

Ich schweige auch eine Weile und richte mich darauf ein, gleich einzuschlafen. Heute wird gar nichts mehr laufen, dafür habe ich mittlerweile ein untrügliches Gespür.

»Du musst dich öfter unabhängig von mir machen und manchmal einfach das tun, wozu *du* Lust hast und was für *dich* gut ist«, sagt Clara und dreht mir den Rücken zu. »Du solltest viel selbstständiger werden. Dann wirst du auch wieder viel interessanter für mich.«

Ich denke daran, dass sie mich ja nicht tun lässt, wozu ich Lust habe, und sie ist nun mal kein unerheblicher Faktor für diese Lust. Mir fällt die paradoxe Aufforderung »Sei spontan!« ein. Es gibt viele Fallen, die das gemeinsame Leben mit einer Frau in regelmäßigen Abständen bereithält.

Was gut für mich ist? Ich würde mir ja sofort Testosteron abnehmen lassen, wenn das so einfach ginge wie Blut spenden und dazu führen würde, dass die Lust dann eine Weile einschläft. Schön dosiert, immer wieder, wenn es nötig ist. Das ist laut Luis Buñuels Autobiografie der einzige Vorteil, den das hohe Alter bereithält – dass diese ewige Pein endlich nachlässt. Mach doch mal, wozu du Lust hat – hat die eine Ahnung.

Ich bin doppelt sauer auf Clara und fühle mich trotzdem gleich in doppelter Weise an sie gebunden. Erst war da die Schwangerschaft, da war es schwierig. Dann kam die Stillzeit, da war es auch schwierig. Dann die durchwachten Nächte, dann den Berufswiedereingliederungsstress nicht zu vergessen. Das war vielleicht schwierig. Und für den völlig unwahrscheinlichen Fall, dass es fast mal so weit kommen sollte – dann steht eines der Mädchen in der Tür und hat in die Hose gemacht.

Gemein ist auch: Ich muss jetzt ja viel öfter wegen der Kinder zu Hause bleiben als Babysitter oder als Ins-Bett-

Bringer. Daher kann ich im Vergleich zu früher viel weniger Sport treiben – ich komme seltener zum Joggen und gehe überhaupt nicht mehr ins Fitnessstudio. Aus diesem Grund habe ich sowieso schon seltener Gelegenheit, Frauen zu treffen. Und wenn ich welche sehe, was selten genug vorkommt, ist mein Körper nicht mehr so trainiert und gestählt wie einst, sodass mich die Frauenwelt weniger attraktiv findet. Das ist doppelt gemein, ich habe keine Chance mehr, und darüber hinaus verkomme und verfette ich innerlich wie äußerlich.

Trotzdem war ich immer sehr einfühlsam. Während der Schwangerschaft habe ich wie Clara in den neun Monaten zwölf Kilo zugenommen – ohne allerdings danach wieder abzunehmen. Und natürlich bin ich gern mit unseren beiden Mädchen zusammen. Als sie noch sehr klein waren, habe ich sie stundenlang beobachtet und mich gefragt, wann sie – wie die kleinen Schimpansenbabys – sich selbst das erste Mal im Spiegel erkennen würden. Das ging erstaunlich schnell. Aber diese Fähigkeit verliert der Mensch wohl wieder, wenn er erwachsen wird, denn Clara braucht morgens eine halbe Stunde vor dem Spiegel, bis sie sich wiedererkennt.

Ich bleibe vielleicht noch zwei, drei Minuten im Bett liegen, dann stehe ich mit einem Ruck auf und verschwinde aus dem Schlafzimmer. Ich bin gekränkt. Clara soll merken, dass ich es diesmal ernst meine. Ich gehe ins Bad, aber nicht wegen des Spiegels. Ich weiß, wie ich aussehe, und spätabends verändert sich das nicht zum Vorteilhaften. Ich kann ja ein paar Sachen packen, das Haus verlassen und mir ein Hotelzimmer nehmen. Einfach so.

Sie wird schon sehen, was sie davon hat. Ich würde mich einfach nicht melden und ein paar unbeschwerte Tage ohne sie verbringen. Soll sie sich ruhig Sorgen machen. Soll sie mich ruhig vermissen. So kann sie schließlich nicht mit mir umgehen.

Ich bleibe etwas länger als gewöhnlich im Bad, wahrscheinlich fragt sie sich schon längst, wo ich bleibe. Soll sie doch. Bestimmt wälzt sie sich gerade unruhig im Bett hin und her, zermartert sich das Gehirn, wo ich bin. Ich werde sie noch eine Weile auf die Folter spannen, sie soll merken, wie das ist, wenn man so missachtet wird. Bestimmt bin ich jetzt schon mehr als 20 Minuten im Bad. Bestimmt wird Clara gleich im Negligé im von Mondschein erhellten Wohnzimmer stehen und mit tränenerstickter Stimme die Polizei anrufen und eine Vermisstenanzeige aufgeben.

»Hallo, ist da die Polizei? Mein Mann ist weg, nein, ich weiß auch nicht, wohin. Nein, er hat keine Freundin, nein, wo denken Sie hin? Ich habe Angst, dass ihm etwas zugestoßen ist. Nein, es ist nichts vorgefallen bei uns, nein, nein, nein, keine Erpressung und auch keine Entführung. Das heißt doch. Nein, keine Entführung. Aber ein Vorfall, der vielleicht wichtig ist: Ich war nicht sehr freundlich zu ihm. Habe ihn gar nicht beachtet, nachdem ich eine Woche lang weg war. Ja, es liegt an mir, Sie haben recht, ich habe gar nicht wahrgenommen, was er alles für mich vorbereitet hat in meiner Abwesenheit. Auch Nudelsalat. Nein, das war nicht sehr nett von mir, wirklich nicht, Herr Wachtmeister. Ich habe ihn wahrscheinlich verletzt, und das tut mir auch wirklich leid. Nein, nicht körperlich, nein, keine Stichverletzungen. Nein, Würgemale auch nicht. Ich war aber auch sehr müde, wissen Sie. Gut ja, ein bisschen zärtlicher hätte ich schon zu ihm sein können, freundlicher, zugewandter, das stimmt. Ich konnte ja nicht ahnen, dass er so empfindlich reagieren würde.«

So in etwa wird sie es wohl ausdrücken. Bei der Polizei gibt es ja Kräfte, die im Zuhören geschult sind.

Ich bin jetzt schon mindestens eine halbe Stunde lang im Bad und beschließe, es ihr nicht länger so schwer zu machen. Außerdem ist die Unterseite meiner Schenkel schon ganz taub, weil ich auf der Klobrille sitze. Ich bin jetzt wieder versöhnlicher gestimmt, kann vergeben und verzeihen. Also gehe ich aus dem Bad zurück ins Schlafzimmer und lege mich unter die Bettdecke. Ich bin bereit zu einem offenen Gespräch, ohne Vorwürfe und Gram, den Blick nach vorn gerichtet.

Clara liegt noch genauso da, wie ich sie verlassen habe. Die Bettdecke ist wurstartig unter ihrem Körper festgezurrt. Zutritt verboten, kein Einlass. Sie schläft fest, ihre Atemzüge sind tief und regelmäßig.

Harmonischer Energiefluss

Es klingelt. Diesmal ist es nicht das Telefon, sondern jemand läutet an der Haustür. Es ist seit Studententagen nicht mehr vorgekommen, dass jemand spontan vor der Tür steht, ohne Teppiche verkaufen zu wollen, Spenden für blinde oder misshandelte rumänische Waisenkinder einzutreiben oder eine Bioobst- und -gemüsekiste für die ganze Familie anzupreisen.

Dorothee steht in der Tür. Langsam wird es lästig, denkt Clara, diese Frau ist einfach nicht abzuschütteln.

»Was für eine Überraschung«, sagt Clara mit gespielter Freundlichkeit.

»Ein bisschen mehr Freude könntest du schon zeigen, wenn deine beste Freundin spontan Zeit für dich hat.« Dorothee hat ihre Sporttasche dabei und eine große, gerollte Yogamatte unter dem Arm.

»Bist du aus deiner Wohnung rausgeschmissen worden und willst hier bei uns einziehen?«, fragt Clara. »Das hätten wir vorher besprechen müssen.«

»Ich muss dir etwas Unglaubliches zeigen. Und du musst sofort mitmachen.«

»Bitte verschon mich. Ich hör dir gern zu und lasse mir alles von dir erzählen, aber ich mache jetzt keine Turnübungen.«

»Aber es würde dir guttun – beruflich und erst recht privat.«

Clara schwant Übles. Das letzte Mal, als Dorothee ihr versprochen hatte, sie könne privat wie beruflich gleichermaßen profitieren, ging es um eine bizarre Darbietung unter dem Titel »Puppetry of the Penis«, zu der Dorothee sie bei einem Junggesellinnenabschied mitgezerrt hatte. Zwei Jungs aus Australien führten eine Art Penisorigami vor und verknoteten ihr Genital und die Hoden zu allerlei Figuren. Bei dem Kasperletheater bildeten sie Hamburger, den Eiffelturm, das Gehirn oder auch »Die Armbanduhr« nach.

Die akrobatischen Leistungen der beiden Herren waren in der Tat erstaunlich, aber Clara konnte sich nicht recht konzentrieren, weil sie immer fürchtete, einer der beiden würde eine akute Hodentorsion erleiden und sie müsste auf der Bühne Erste Hilfe leisten und das verdrehte Gemächt wieder entwirren. Erotisch war das jedenfalls nicht. Sie ist jetzt doch gespannt, was Dorothee ihr Erbauliches vorführen will.

»Ich war doch gerade in Indien in diesem Ayurveda-Hotel«, sagt Dorothee. »Das war so wunderbar. Diese freundlichen Menschen, dieses Klima und das leckere Essen. Aber eine Ahnung von der wahren Erfüllung habe ich erst am allerletzten Abend bekommen.«

»Was, jetzt hast du dir schon für einen Haufen Geld in Indien Öl aufs Hirn gießen lassen, und es hat doch noch nichts genützt, oder wie soll ich das verstehen?«

»Doch, doch, es war unfassbar schön. Aber von höheren Graden der Befriedigung habe ich erst später erfahren, das muss ich noch vertiefen. Nächstes Wochenende geht der Kurs hier weiter.«

»Was für ein Kurs – und welche Befriedigung?«

»Na, tu doch nicht so. Kennst du das nicht, dass du dich den ganzen Abend darauf freust, aber er dann viel zu früh kommt?«

»Alex kommt oft viel zu spät.«

»Das meine ich nicht. Du weißt genau, wovon ich spreche.«

»Ach, Dorothee. Wenn du mit einem Mann schon so lange zusammen wärst wie ich mit Alex, dann käme dir aufregender, gemeinsamer Sex auch vor wie ein fernes, exotisches Ritual, das du nur noch aus dem Fernsehen kennst. Da kommt überhaupt nichts mehr, nada. Im Klartext: Wir haben kaum noch Sex.«

»Das tut mir echt leid für euch. Aber dann ist es umso wichtiger, die seltenen Momente der Lust möglichst lange auszukosten. Das Zauberwort heißt sexuelle Kontinenz. Auf Deutsch: Er soll möglichst lange dicht halten, und damit das klappt, gibt es spezielle Yogaübungen für sie und ihn.«

»Ehrlich, Dorothee, bist du nicht ganz dicht? Und ich brauche das nicht. Lass gut sein. Wir sind so verspannt miteinander, da kommt keiner von uns beiden in Versuchung. Wenn wir eines derzeit nicht nötig haben, dann dieses erotische Ausdauertraining.«

»Aber vielleicht kannst du es irgendwann trotzdem mal anwenden. Komm, ich zeig's dir.«

Claras letzte Erfahrungen mit seltsamen Übungen auf stinkenden Gummimatten im Heizungskeller eines Arztes rühren vom autogenen Training her, es war noch zu ihren Studienzeiten. Sie entspannte sich damals ganz gut, aber bei der Aufforderung »Wohlige Wärme durchströmt meine Gedärme« entfuhren einigen der Kursteilnehmer scharfe Winde, was dazu beitrug, dass sie den Folgekurs nicht mehr belegte.

Ohne auf Claras Reaktion zu warten, rollt Dorothee im Wohnzimmer ihre Yogamatte aus und legt sich auf den Rücken. Clara überlegt, ob sie sich zurückziehen und die Spülmaschine ausräumen soll, während Dorothee ihre erotischen Turnübungen vorführt. Doch dann hört sie diese seltsamen gemurmelten Selbstgespräche.

Es klingt ein bisschen so wie die Kommandos auf einem Reiterhof.

»Ruhig, ja, so ist es gut. Zähme dich, zähme deine Energie und spüre die Ruhe und die Kraft in dir. Lass den Tanz der Ekstase ewig dauern. Du kannst die ganze Nacht Liebe machen, wenn du es nur willst.«

Clara schaut verwundert auf Dorothee hinunter, die auf ihrer Yogamatte wenig harmonische Zuckungen mit ihrer Körpermitte ausführt und dabei die Beine anwinkelt und wieder abspreizt. Die ganze Nacht? Irgendwann will man ja auch mal schlafen. Am meisten ist sie aber verwundert über die gepressten, hohen Schreie, die Dorothee hervorbringt. Sie klingt ebenso beseelt wie ängstlich. Entspannt wirkt das alles nicht.

»Du bleibst ganz bei dir und hast die Kontrolle über dich und deinen Körper. Du hast die Kontrolle. Alle Energie bleibt in dir. Zügele dich, du wirst nicht schwach, mein tapferer Krieger.« Sie wird immer lauter, und es klingt eher wie ein Befehl als wie eine erotische Beschwörung.

Dorothee verdreht ihre Beine, und Clara ist sich sicher, dass ein Mann schon rein technisch so nie zur Erfüllung gelangen kann, wenn er eine dermaßen verknotete Frau vor sich – ja was denn? – sitzen, liegen oder kauern sieht. Da möchte man eher den Orthopäden oder besser einen Unfallchirurgen rufen, als selbst Hand anzulegen.

»Tut das nicht weh?«, fragt Clara, die das Gesicht verzieht und langsam anfängt, sich fremdzuschämen.

»Überhaupt nicht, ich spüre, wie eine tiefe, innere Wärme in mir aufsteigt. Es wird immer gewaltiger.«

»Wahrscheinlich wegen der abgeklemmten Nerven und Blutgefäße. Soll ich dich aus dieser misslichen Lage befreien?«

»Bloß nicht, ich bin bis in die letzte Pore sinnlich aufgeladen. So erfüllt war ich noch nie. Und ich berste gleich vor Lust.« Dorothee stöhnt leise und atmet etwas schneller.

Als sie sich wieder beruhigt hat, redet sie in diesem belehrenden, quengelnden Ton weiter: »Und wenn er es gar nicht mehr aushalten kann, musst du ihm sofort den Saft abdrehen und fest hinten an der Wurzel drücken. Das tut ein bisschen weh, aber es wirkt sofort. Und obwohl es so martialisch klingt, er wird es dir danken.«

»Au ja, können wir mitmachen?« Rebecca und Miriam sind aus dem Kinderzimmer gekommen, haben sich auf Socken von hinten angeschlichen und dem Schauspiel eine Weile zugesehen. Jetzt hocken sie sich auf die Turnmatte neben Dorothee, die eine Weile braucht, bis sie ihre Beine wieder entwirrt hat.

Liebe ohne Worte

Wir sind mal wieder viel zu spät zu meiner Mutter aufgebrochen. Ich hatte vorher noch im Labor vorbeischauen müssen, um die Auswertungen der Stresshormonmessungen und Testosteronspiegel bei Pavianen zu kontrollieren. Die Autofahrt zieht sich ewig hin, ein Stau nach dem anderen. Statt eine Pause einzulegen, bin ich immer weitergefahren. Clara hat schon geschimpft, wie gefährlich das sei.

Wir müssen unterwegs übernachten und finden eine bescheidene Bleibe. Es ist ein Landgasthof im Hessischen, der an ein heruntergekommenes Motel kurz vor Las Vegas erinnert oder an eine Autobahnraststätte. Wir sind müde, und es ist schon sehr spät.

Clara hat sich schnell ausgezogen, ist im Bad verschwunden, und kurze Zeit später liegt sie in ihrem Schlafanzug im Bett, keinen halben Meter von mir entfernt.

Sie macht das Licht aus. Ich murmele kleinlaut etwas von ein bisschen Frieden und ein bisschen Zärtlichkeit und versuche, mich trotzdem an sie zu kuscheln. Als Kind habe ich auch immer Hunger bekommen, sobald ich im Auto saß. Vielleicht ist das im Mannesalter ähnlich mit dem Hunger nach Zuneigung und zarten Berührungen, wenn wir unterwegs sind.

Außerdem steht ja in jedem Beziehungsratgeber, dass man unbedingt Abwechslung in sein Liebesleben bringen und es auch mal an anderen Orten versuchen soll. Warum also nicht in einem abgewrackten hessischen Landgasthof? Ich lege meine Hand auf ihre Hüfte, und in diesem Augenblick schreit sie mich an:

»Lass mich endlich in Ruhe schlafen! Ist ja furchtbar, dieses ständige Gegrapsche.«

Plötzlich ist da ein Geräusch. Es kommt aus den abgründigsten Tiefen der menschlichen Seele. Eine Art Grunzen, ein Röcheln. Ob aus Lust oder Bedrängnis, ist mir unklar.

Ist sie das etwa? Auf Madagaskar gibt es noch diese wenig erforschten Raubkatzen, die Fossas. Sind die Weibchen paarungswillig, locken sie die Männer mit einem Fauchen an, das eher an die Grunzlaute erinnert, wenn sich jemand verschluckt hat und dann ewig räuspern, röcheln und husten muss, bis die Atemwege wieder halbwegs passierbar sind.

Erst denke ich, dass es ein Paar im Nachbarzimmer heftig miteinander treibt. Die Geräusche hören sich allerdings äußerst seltsam an, so aggressiv, so brutal. Zu brutal selbst für die ausgefallensten Sadomaso-Varianten. Zwischendurch kommt immer wieder ein dumpfes Krachen von nebenan, wie von einer fallenden Garderobe oder einem umgestürzten Nachtschrank.

Anfangs hoffe ich noch darauf, dass die intimen Laute aus dem Nachbarzimmer Clara ein wenig stimulieren könnten. Aber das, was wir durch die Wand anhören müssen, macht definitiv keine Lust auf mehr. Nicht einmal bei mir.

Es hört sich eher so an, als würde gerade jemand zusammengeschlagen oder abgestochen. Ein tiefes Stöhnen, dann wieder wüste Schläge und unverständliche Grunzlaute. Vielleicht quält jemand ein Tier. Oder da drüben hat sich eine Geheimsekte einquartiert, die ihre blutigen Riten in einem Hotelzimmer feiert und sich an makabren Schauspielen und Schlachtfesten ergötzt. Gibt es auf dem Land Voodoo?

Die Geräusche nehmen an Intensität weiter zu, und irgendwann bin ich der festen Überzeugung, dass man einschreiten muss. Nur wie? Und wer? *Ich* gehe bestimmt nicht rüber. »Geh du, Schatz«, traue ich mich aber auch nicht zu sagen. Es ist inzwischen mitten in der Nacht, schon nach halb zwei. Einen Concierge oder eine rund um die Uhr besetzte Lobby haben sie in dieser Absteige bestimmt nicht. Außerdem ist es generell gefährlich, sich in Paarkonflikte einzumischen, da kann man schnell selbst zum Opfer werden.

Mit einem Mal ist es wieder still, offenbar haben sie sich beruhigt – oder alle in dem Zimmer sind tot.

»Grmmmmpf, Ohhhhui, Aaaaaaaaah!« Nach einer halben Stunde geht es wieder los. Wie kann Clara bei diesem Radau seelenruhig schlafen?

Und kann denn der Kerl im anderen Zimmer immer noch nicht von seinem Opfer ablassen? Hier muss ein besonders ausdauernder Sadist am Werke sein, eine menschliche Bestie. Ich rechne damit, am nächsten Morgen mit einem furchtbaren Verbrechen konfrontiert zu werden. Ein riesiges Polizeiaufgebot wird vor dem Hotel stehen. Die Spurensicherung, überall Blut. Hubschrauber, die über dem Gelände kreisen. Absperrbänder. Passanten und Angehörige müssen zurückgehalten werden. Manche halten sich Taschentücher vor den Mund.

Später werden sie in der Zeitung schreiben, dass selbst die abgebrühtesten Polizisten völlig aufgelöst waren und psychologische Betreuung benötigten, weil sie so etwas Schreckliches noch nie gesehen hätten – und sie waren schon sehr viele Jahre im Dienst. Einer der Polizisten würde auf immer krankgeschrieben bleiben, weil er sich von dem Trauma nie erholen würde. Die Lokalzeitung würde ihn auf seinem Leidensweg begleiten und einmal im Jahr an sein Schicksal erinnern.

Und ich bin der Schuldige. Ich bin der, der nicht eingegriffen hat. Die junge Frau wäre noch zu retten gewesen, wenn rechtzeitig jemand geholfen hätte, würde später in allen Zeitungen stehen. Ihre Verletzungen waren nicht sofort tödlich. Sie verblutete langsam und qualvoll über Stunden, weil er mit dem Messer eine besonders perfide Technik isländischer Walfänger angewendet hatte, und ich würde meines Lebens nicht mehr froh werden. Aber ich kann nicht, die Laute sind zu unheimlich, zu fremd, so, als gehörten sie zu einer anderen Form von Lebewesen, zu einer anderen Art.

Ich bin schlicht zu feige.

»Wir haben nichts gehört, nicht wahr, Schatz«, würden wir am nächsten Morgen noch im Schlafanzug und mit tiefen Augenringen der Polizei sagen. »Wir waren sehr müde und sind nach der langen Fahrt sofort eingeschlafen.« Der zerknitterte Kommissar würde seinen kleinen Notizblock zuklappen und sich mit resignierter Routine den anderen Hotelgästen zuwenden. Vielleicht würde er noch sagen: »Sie müssen sich keine Vorwürfe machen, diesen Irren hätte niemand aufhalten können.«

Als ich am anderen Morgen auschecken will, steht vor mir ein übermüdet aussehendes Paar an der Rezeption. Ich nicke ihnen kaum merklich zu. Sie sehen in etwa so blass und erschöpft aus wie die Vampire in Quentin Tarantinos Film »From Dusk Till Dawn«, nur nicht so originell angezogen. Als sie an der Reihe sind zu bezahlen, gestikulieren sie wild umher. Was ist denn jetzt wieder los? Nach der Aufregung in der Nacht gibt es offenbar schon wieder Stress. Es reicht. Der Mann kritzelt hektisch etwas auf einen Block und gibt ihn dem Portier. Sie nickt dazu. Das Paar tauscht ein paar grunzende, konsonantische Laute aus, dann legt er den Schlüssel auf die Rezeption.

Als ich drankomme, grinst der Portier mich an, beugt sich kumpelhaft rüber und sagt zu mir. »Die beiden haben das Zimmer neben ihnen bewohnt. Nachts sind sie dann wohl etwas aneinandergeraten, hat er hier auf den Zettel geschrieben und sich bei mir und den anderen Gästen dafür entschuldigt.«

Er spricht unangenehm laut und ist äußerst indiskret, denn das Paar hat sich erst wenige Schritte von der Rezeption entfernt. »Aber von dem Streit werden sie wohl kaum etwas mitbekommen haben, oder? Die beiden sind ja schließlich taubstumm, die hört man ja nicht«, sagt der Portier und lacht ein lautes vampirisches Lachen.

Der Pferdeflüsterer

Clara und Alex sitzen wieder im Auto, es ist noch eine lange Strecke bis nach Hause – die Kinder müssen sie auch noch abholen. Sie haben seine Mutter besucht und sind auf dem Rückweg, aber immer noch müde von der durchwachten Nacht im Hotel zwei Tage zuvor. Es regnet, die Autobahn ist dicht befahren, und das Anfahren und Abbremsen im stockenden Verkehr raubt ihm den letzten Nerv. Dazu der Dauerregen, der die abendliche Sicht erschwert. Alex tun die Augen weh. Durch die Windschutzscheibe zu blicken erfordert viel Anstrengung.

»Ich muss mit dir reden«, sagt Clara. »Ich kann so nicht mehr weitermachen. Es geht nicht.«

Alex starrt in den Regen, muss plötzlich abbremsen und kommt gerade an der Stoßstange des Vordermanns zum Stehen. Irgendetwas klopft. Da klopft doch was.

»Für mich ist das eine große Belastung, weißt du. Ich glaube, du machst dir gar keine Vorstellung davon, was ich gerade durchmache.«

Alex nickt und macht einen angestrengten Gesichtsausdruck, denn er lauscht auf die Fahrgeräusche. Er bekommt dieses Klopfen nicht mehr aus dem Ohr. Wahrscheinlich ist es der Motor. Oder die Reifen haben einen Schlag abbekommen. Hier ist der Fahrbahnbelag noch nicht überall versiegelt, und Löcher gibt es alle paar Hundert Meter. So ein Schlag ist auf der Autobahn ziemlich gefährlich.

»Ich wünsche mir, mehr aufgehoben zu sein in dir und deinen Gedanken, stärker stattzufinden für dich, weißt du?«, sagt Clara. »Manchmal habe ich das Gefühl, ich komme in deiner Welt überhaupt nicht vor oder höchstens als Lustobjekt.«

Weint sie? Vielleicht. Nein, es ist wohl eher der Regen, der wie ein Trommelfeuer gegen die Scheiben tropft und mit einem schlürfenden Geräusch die Seitenfenster entlang nach hinten wegperlt.

Bei dem Auto ist die Inspektion längst überfällig. Das rote Servicelämpchen leuchtet mittlerweile nicht nur beim Anlassen auf, sondern ständig. Sogar Clara hatte ihn letztens mehrfach ermahnt, dass er sich wenigstens darum kümmern könnte, wenn er sonst schon keine gemeinsamen Unternehmungen plant.

»Weißt du, ich habe immer noch meine Bedürfnisse und Träume, trotz all der gemeinsamen Jahre. Ich will die Hoffnung noch nicht aufgeben. Noch nicht. So alt bin ich noch nicht. So alt bist *du* auch noch nicht.«

Er nickt. Mein Gott, er hat immer noch die Winterreifen drauf, fällt Alex gerade ein. Dabei ist es schon Ende Mai und ein plötzlicher Kälteeinbruch trotz aller Prognosen für den baldigen Klimawandel nicht mehr zu erwarten. Andererseits: Damals, Junge, Junge, frisch verliebt am San Bernardino sind die beiden im Mai noch ziemlich ins Schlittern gekommen. Konnten die Reifen der Grund für das Klopfen sein?

»Sag doch etwas, ich habe manchmal das Gefühl, du nimmst mich überhaupt nicht mehr wahr.«

Da, da ist es wieder. Der Motor klopft. Das muss sie doch auch hören! Das kann man doch nicht einfach ignorieren.

»Irgendwas läuft offenbar nicht rund«, sagt Alex und beschließt, morgen früh sofort in der Werkstatt anzurufen und einen Termin auszumachen.

»Na ja«, sagt sie. »ich bin froh, dass du's immerhin genauso siehst wie ich.«

Schweigend fahren die beiden weiter. Der Regen hat nachgelassen. Alex lauscht auf das Klopfen, das zwar leiser geworden ist, aber immer noch hörbar.

»Nichts, was man nicht reparieren könnte«, sagt er.

Zu Hause angekommen, es ist schon spät, ruft Clara ihre Freundin Dorothee an. Er schaltet lustlos den Fernseher an und sieht sich in einem Sportsender die Übertragung eines Spieles aus der spanischen Primera Division an, es ist Deportivo La Coruña gegen Betis Sevilla. Das Spiel ist erstaunlich hochklassig, und er holt sich Chips mit Sour-Cream-Geschmack auf das Sofa, damit der Abend gerettet ist. Sie sind schon ziemlich gut, diese Spanier, wuselig, offensiv und zweikampfstark. Ihren alten Schlendrian vor dem Tor haben sie auch seit ein paar Jahren abgelegt.

Clara legt sich auf ihr Sofa, kuschelt sich in eine Decke. Drei Stunden lang telefoniert sie mit Dorothee, und diesmal fällt kein Wort über die Sitzordnung.

»Ich glaube, er mag mich nicht mehr. Er ist manchmal so vollkommen gleichgültig«, sagt Clara. »Er behandelt mich wie die Pflanzen in seinem Büro. Die sind alle eingegangen. Ich denke manchmal, es wäre das Beste, wenn wir uns trennen würden. Ich weiß nicht, wie ich mich auf ihn einlassen soll, wenn da so wenig zurückkommt. Wenn er mich wenigstens manchmal anschreien würde, aber da ist nichts, nada, nur diese elende Gleichgültigkeit. Ich habe so viel versucht die ganzen Jahre, aber er redet ja kaum mit mir. Ihm kann es dabei ja auch nicht gut gehen. Das würde doch niemand aushalten. Vielleicht ist da auch eine andere Frau, den Verdacht habe ich schon länger. Andererseits ist er eine treue Seele, ich kann mir einfach nicht vorstellen, dass er mich betrügt.«

Jetzt muss sich Dorothee die Nase putzen.

»Ich habe zu ihm gesagt, wir können alles verlieren, nur uns nicht. Aber ich weiß nicht, ob er das versteht, ich weiß nicht mal, ob ich ihm so wichtig bin. Er hat vor allem seine Arbeit. Das gönne ich ihm ja auch. Dabei weiß ich, dass er mich auch braucht, mindestens so sehr wie ich ihn. Er zeigt es nur nicht mehr. Er versteckt sich, wahrscheinlich auch vor sich selbst. Aber wenn ich ihm das sage, dann reagiert er nicht einmal und grummelt nur vor sich hin, dass er das schon auf seine Weise regelt. Ich soll mir keine Sorgen machen. Aber an mich denkt er dabei gar nicht, zumindest zeigt er mir das nicht. Und ich gehe vor die Hunde, wenn er so weitermacht.«

Um zwei Uhr morgens legt Clara auf. Den Rest der Nacht macht sie kein Auge zu.

Orale Anmache

Nach einer langen Nacht, in der ich in tiefen, traumlosem Schlaf gefallen bin, wache ich auf. Ich fühle mich gedanklich noch dumpf und schwer, also wie immer am Morgen, aber zugleich körperlich unglaublich erholt, was nicht so oft vorkommt. Ich strecke die Arme über dem Kopf aus und gleichzeitig die Beine durch. Ich habe von Clara geträumt, herrlich. Liegt sie noch neben mir? Nein. Ist da überhaupt jemand? Nein. Clara ist längst in der Klinik, und die Kinder hat sie bereits in den Kindergarten gebracht. Der Tag fängt gut an.

Ich will im Bett Orientierung gewinnen und gleichzeitig zum Fenster hinausschauen. Wie das Wetter wohl heute ist? Die Antwort auf diese einfache Frage zu finden erfordert einen ziemlich komplexen Bewegungsablauf für eine so frühe Morgenstunde. Denn um das Wetter zu beurteilen, muss ich den Kopf zur Seite und etwas nach hinten drehen. Genau in diesem Moment muss ich gähnen. Das ist zu viel auf einmal für mein noch steifes Kiefergelenk. Beim Gähnen und der gleichzeitigen Seitwärtsdrehung knackst es irgendwie innerlich. Mein Mund bleibt offen stehen. Normalerweise kriege ich morgens nie den Mund auf.

Hallo! Hallooooo? Das sage ich zu mir selbst, und zum Wachwerden sage ich es noch mal laut. Heraus kommt aber ein entsetzliches Gelalle, ein »Chaaaachlloo, Chaaaachlloo«.

Schluss jetzt mit den Faxen, sage ich mir und will den Mund wieder schließen. Ich mache ihn energisch zu, das heißt, ich will ihn energisch zumachen. Aber das geht nicht. Je mehr Kraft ich aufwende, um meinen Mund zu schließen, desto stärker und federnder wird der Widerstand, der genau dies verhindert. Wie bei einer Spiralfeder, die man immer weiter zusammendrücken will und die nur umso heftiger zurückschnellt. Verdammt schmerzhaft ist es außerdem.

Ich schüttele den Kopf wie ein Hund, der gerade im Wasser war. Teils, weil ich noch immer nicht richtig wach bin, teils, damit sich der Kiefer endlich wieder einrenkt und der Mund schließen lässt. So wie es früher, als es noch keine Flachbildschirme gab, manchmal geholfen hat, ein paarmal mit der flachen Hand auf den Fernseher zu schlagen, wenn das Bild wackelte. Also noch mal von vorn das Ganze: durchatmen, den Kopf schütteln. Und jetzt langsam, ganz langsam und vorsichtig, den Mund zu schließen versuchen. Sachte, es muss ja nicht mit Gewalt sein. Vergebens, es geht nicht. Verdammt, ich habe offenbar eine Maulsperre.

Irgendwann in den 1970er-Jahren kam es zum angeblich größten Kampf aller Zeiten. Zumindest wurde er als solcher angepriesen. Cassius Clay, der sich längst Muhammad Ali nannte und später als der Größte aller Zeiten bezeichnet wurde, bevor er dann leider an Parkinson erkrankte, trat gegen einen asiatischen Kampfsportler an, der Karate, Kung-Fu, Taekwondo und einen Haufen anderer fernöstlicher Techniken perfekt beherrschte. Der Hüne hatte nicht nur einen enormen Brustkorb, sondern auch ein enorm langes und weit vorragendes Kinn. Sein Spitzname lautete »Der Pelikan«.

Damit er nicht von Alis Fäusten getroffen wurde, robbte der Pelikan während des gesamten Kampfes auf allen vieren herum, falls man »robben« dazu sagen kann, wenn der Bauch im Vierfüßlerstand nach oben zeigt. »Brücke machen« hieß das in der Grundschule oder im Yogakurs. Wie ein Käfer, der auf dem Rücken liegt, sah er aus, allerdings war er dafür noch ziemlich beweglich. Wenn er selbst zur Attacke überging, trat der Asiate den armen Ali immer wieder blitzschnell gegen die Kniekehle, die nach wenigen Runden schon bedrohlich auf Tennisballgröße angeschwollen war und in jeder Ringpause gekühlt werden musste. Ali versuchte sich tänzelnd zu ihm hinunterzubeugen, um ihm eine zu wischen, sah dabei aber ziemlich tapsig aus. Er erwischte ihn kaum mit seinen Fäusten, und wenn, dann wäre die mächtige Kinnlade des Pelikans bestimmt so verschoben gewesen, wie sich meine inzwischen anfühlte.

Ich werde langsam wütend auf meine elende Hilflosigkeit. Ich vergewissere mich noch mal meiner ausweglosen Lage: Die Kinder sind im Kindergarten und Clara ist in der Arbeit. Keine Hilfe weit und breit. Ich traue mich nicht vor die Tür mit diesem halb offenen Mund und rufe Clara an.

In meinem Mund hat sich inzwischen immer mehr Speichel angesammelt. Ich sabbere, ich kann aber auch schlecht schlucken und bräuchte jetzt diesen röhrenden Absaugschlauch vom Zahnarzt.

Ah, das Tuten hat ein Ende, es nimmt jemand ab. Claras Kollegin Regina ist am Apparat, das erkenne ich sofort, auch wenn sie nur ein morgenmüdes »Hallo« herausbringt.

»Haaacchhllo, cchhhhier binn icschh«, schnorchele ich in den Hörer. Es hört sich an, als ob ich ein Gedicht aufsagen will, während ich mit einem Liter Wasser gurgele.

Sie erkennt mich nicht, bestimmt will sie mich nicht erkennen, die doofe Ziege. Regina hat was gegen Männer, wahrscheinlich hat sie sich aus Rache am anderen Geschlecht für den Beruf der Urologin entschieden. Jetzt tut sie so, als sei ihr nicht mal meine Stimme vertraut, und sie weiß daher angeblich auch nicht, wer dran ist.

»Da ist wohl wieder so ein Schwein, das sich einen runterholt«, ruft sie über den Flur Clara zu. »Ein obszöner Anrufer. Wir sollten eine Trillerpfeife neben dem Telefon deponieren.« Sie will auflegen.

Ich stammele mit halb offenem Mund »Neinnch, neinnch, niiiccccchhhh«.

Dann sagt sie zu Clara: »Ist wohl für dich!«

Du willst es doch auch

Es ist so albern. Diese Beziehungs- und Paarberatungen bringen doch nichts. Clara muss über sich selbst schmunzeln. Trotzdem hat sie vor, das Seminar heute Abend zu besuchen. Die Gelegenheit ist günstig. Alex ist überpünktlich zu Hause. Er hat nichts weiter vor, er wird den beiden Mädchen Gutenachtgeschichten vorlesen und bewundern, was sie im Kindergarten gebastelt haben. Außerdem soll er seinen wieder eingerenkten Kiefer vorerst schonen. Er musste in die Klinik mit seiner Maulsperre, da war nichts zu machen. Die Assistenzärztin hat sich kaputtgelacht über seinen halb offenen Mund und erst mal ein Foto gemacht, für den Studentenunterricht, wie sie sagte.

Alex übt Zurückhaltung. Er will um alles in der Welt nicht Claras Ärger auf sich ziehen, das könnte seine Chancen auf ein baldiges Beisammensein noch weiter schmälern und den nächsten intimen Termin in noch unerträglichere Ferne rücken lassen.

Clara hat sich chic gemacht. Aber was erwartet sie sich eigentlich von diesem Abend? Mehr als Plattitüden wie aus Frauenmagazinen: Arbeiten Sie an Ihrer Beziehung! Überraschen Sie einander jeden Tag aufs Neue! Verlieben Sie sich mal wieder, aber in Ihren Partner … Andererseits geht ihr das Psychogequatsche ihrer Kollegen, das sie regelmäßig auf Tagungen hören muss, ziemlich auf die Nerven. Hier gibt es vielleicht ein paar handfestere Erkenntnisse, was Praktisches für den Alltag, der Seminarleiter ist immerhin nicht nur Beziehungsberater, sondern auch Flirttrainer.

Clara findet den Hörsaal nicht auf Anhieb. Lange her, dass sie in der Universität gewesen ist. Sie sieht eine Schlange vor einer Tür und denkt, dass es dort sein muss. Das kann doch nicht wahr sein, dass sich so viele Leute dafür interessieren.

Im Veranstaltungsraum drängeln sich schon die Zuhörer, von denen nach Claras Einschätzung mehr als 80 Prozent Frauen sind. Clara findet gerade noch einen Platz, sogar ziemlich weit vorn am Rande der fünften Reihe, nah beim Ausgang. Wenn es zu blöd würde, könnte sie also jederzeit unbemerkt gehen.

Es ist unfassbar, der Hörsaal fasst bestimmt 600 Menschen, und er ist bis auf den letzten Platz gefüllt. Trotz des nicht gerade günstigen Eintritts von 15 Euro. Hieß es nicht, die erste Probestunde sei umsonst?

Die Türen werden geschlossen, niemand wird mehr hereingelassen. Das Getuschel und Gescharre der Menschenmenge verursacht einen erstaunlichen Lärmpegel. Vom Vortragenden ist noch nichts zu sehen. Vorn auf der Bühne stehen nur ein Lesepult und ein viel zu üppig blühender und schwer-süßlich riechender Blumenschmuck.

Nach fünf Minuten tritt endlich der Referent auf die Bühne. Er hat es spannend gemacht, dieser gewisse Raffael Steinberg. Eine irritierende Erscheinung. Kurze, schon etwas grau melierte Haare, buschige Augenbrauen und ein auftrumpfendes Lächeln, von dem man nicht weiß, ob es hintergründig oder nur frech ist. Er hat eine jugendliche Statur, aber Clara schätzt sein Alter trotzdem auf Mitte bis Ende vierzig. Er hat ein sympathisches Gesicht, vom vielen Lächeln und Flirten bereits angenehm zerknittert.

Wenn er nur nicht so sehr auf jugendlich machen würde! Jeans und Turnschuhe, dazu ein Jackett, das übertrieben schlank geschnitten ist und seine tadellose Figur hervorhebt. Groß ist er, sportlich, aber nicht bullig. Und er kann sich erstaunlich geschmeidig bewegen.

Bevor er eine Silbe sagt, stellt er sich ganz vorn an den Rand der Bühne, die Zuhörer in der ersten Reihe könnten ihn berühren, wenn sie wollten und nur die Hand ausstreckten. Er schaut in die Runde, sein Blick schweift durch die Reihen, er bleibt auch bei Clara hängen. Dann fängt er endlich an.

»Im Tierreich gibt es Treue nicht«, beginnt Raffael Steinberg. »Die Treue ist eine Erfindung des Menschen, die dazu da ist, sich und anderen das Leben so schwer wie möglich zu machen.«

Er lässt seine Worte wirken und macht eine Pause. Im Saal herrscht atemlose Stille, nur die wenigen anwesenden Männer tuscheln und feixen. Clara denkt, dass sie ja eigentlich hier ist, um etwas darüber zu erfahren, wie sie ihre Beziehung retten kann, und nicht, wie sie untreu wird. Wahrscheinlich wird sie wirklich gleich gehen.

Während Raffael Steinberg innehält, scheint er jedem einzelnen Zuhörer direkt ins Gesicht zu blicken. Offen und geradeheraus. Offensichtlich gehört das zu seiner Masche. Claras und sein Blick treffen sich erneut. Herausfordernd, denkt sie, aber nicht unangenehm. Er hält stand, sie hält stand, bis sie sich ein Lächeln nicht mehr verkneifen kann.

Es ist wie bei diesem Kinderspiel, bei dem der gewinnt, der am längsten schauen kann, ohne zu blinzeln. Bei diesem Mann mag sie sich ausnahmsweise nicht vorstellen, wie er in nur wenigen Jahren mit Erektionsstörungen in einem Klinikbett vor ihr liegt im hinten offenen Flügelhemd. Sonst hilft ihr diese Fantasie immer, wenn sich ein Mann besonders vor ihr aufplustert und sie ihn dann auf seine grundsätzlichen Ängste reduziert.

»Ich muss mich gleich korrigieren«, sagt Raffael Steinberg, und er wird leise und sanft in der Stimme. »Und dass man sich korrigieren kann und Fehler eingestehen, das ist eine der wichtigsten Voraussetzungen für eine gelingende Beziehung, merkt euch das schon mal.«

Oje, ein Zwangsduzer, das mag Clara überhaupt nicht.

»Denn natürlich gibt es auch monogame Tiere. Bei Vögeln ist Treue beispielsweise sehr verbreitet, obwohl ihr Name anderes nahelegt«, fährt Raffael Steinberg fort.

Billige Witze macht er auch noch, denkt Clara und hat innerlich bereits ihre Sachen gepackt. Sie muss nur noch den richtigen Moment abwarten, um sich ohne viel Aufhebens aus dem Hörsaal zu schleichen.

»Aber in der Natur ist Monogamie eben manchmal eine Notwendigkeit, ohne die eine Art nicht überleben würde. Wenn beispielsweise beide Elterntiere für die Aufzucht des Nachwuchses gebraucht werden, dann findet man auch treue Partner und eine enge Bindung«, sagt der Referent. »Aber kriegt das die Mutter allein mit der Aufzucht hin, oder sind die Tiere sowieso Nestflüchter, die kaum auf elterliche Hege und Pflege angewiesen sind, dann geht es munter durcheinander, und die Tiere sind ausnahmslos polygam. Sie paaren sich mit dem, der ihnen gefällt oder gerade passt.«

Steinberg macht eine Redepause und zeigt Bilder von Tölpeln und Bachstelzen, von Bonobos und Präriewühlmäusen. Mal sind die Tiere allein, dann zu zweit beim Liebesspiel, oder in der Gruppe. Clara schweift mit ihren Gedanken ab, Berichte und Bilder von Tieren hat sie von Alex genug gesehen, das ist nicht ihr Ding. Ob ihr Mann und dieser Steinberg sich kennen? Alex sprach früher mal von einem Kollegen, der erst als Verhaltensforscher gearbeitet hatte, aber dann die Forschung verließ, um die Suchprofile von Partnervermittlungen zu verfeinern.

Wie von Ferne hört sie die wohlig wärmende Stimme des Referenten. Dazu lässt sie den Bilderteppich an sich vorüberziehen, ohne wirklich wahrzunehmen, was auf der Leinwand gerade gezeigt wird. Sie kommt sich ein bisschen vor, als ob sie sich »Expeditionen ins Tierreich« im leichten Drogenrausch ansehen würde. Dabei hat sie gar nichts genommen.

Erst als sie hört, wie Raffael Steinberg sich in seinen Ausführungen dem Beziehungsleben von Mann und Frau zuwendet, taucht sie ganz entspannt wieder im Hier und Jetzt auf.

»… und genau das müsst ihr euch für eure Partnerschaft überlegen: Ihr seid wahlweise mit eurem Typen oder eurer Frau zusammen, wahlweise – das bedeutet freiwillig! Ihr müsst es wollen, der andere natürlich auch. Aber niemand zwingt euch dazu! In der Natur ist Treue ein absolutes Notprogramm. Ihr könnt hingegen den Partner wechseln, wann immer und mit wem ihr wollt. Oder ist eure Not so groß, dass ihr keinen anderen findet als den Kerl, der von euch zwar im Bett was will, sich aber ansonsten schon lange nicht mehr für euch interessiert?«

Clara horcht auf. Der Kerl beschreibt gerade ihre Ehe!

»Die Treue ist ein ewiger Kampf gegen die Natur. Nach dem anfänglichen Hormonhoch und wildem Sex in den ersten zwei, drei Monaten muss man sich bemühen, um zusammenzubleiben. Denn die Natur will etwas anderes. Und wenn ihr nicht kämpft, gewinnt die Natur.«

Kämpfen, denkt Clara, ist nicht gerade Alex' Stärke.

»Nicht, dass ihr mich falsch versteht. Am schönsten ist eine Affäre natürlich mit dem eigenen Partner, keine Frage. Dafür müssen allerdings beide interessant und begehrenswert füreinander bleiben, sonst wird das nichts.«

Der Gedanke an Flucht ist bei Clara inzwischen verflogen. Jetzt fühlt sie eine tiefe innere Zustimmung, obwohl ihr irgendetwas an diesem Raffael Steinberg nicht behagt. Dieses Selbstgewisse! Dieses Auftrumpfen! Aber er ist wohl trotz der Show, die er abziehen kann, ein schroffer Romantiker, einer, der die innige, die intensive Beziehung feiert, das tiefe gegenseitige Verständnis und nicht die geile Hatz auf den Nächstbesten. Clara bleibt wie betäubt sitzen inmitten der Welle des Applauses, den Steinberg mit ein paar Bescheidenheitsgesten über sich ergehen lässt. Sie bleibt auch dann noch sitzen, als die anderen aus der Reihe schon an ihr vorbeidrängen und dem Referenten oder dem Ausgang zustreben.

Als sie etwas irritiert dann doch als eine der Letzten die Hörsaalstufen hinaufgeht und sich kurz nach ihm umschaut, blickt ihr Raffael Steinberg direkt in die Augen. Dreist lächelnd ruft er ihr hinterher: »Du willst es doch auch!«

Versuchskaninchen

Meine Karriere als Spermatograf begann im Alter von 17 Jahren. Ich hatte erst dicke Backen, dann bekam ich dicke Eier. Ich hatte mir eine heftige Mumpsinfektion geholt, weil meine impfskeptischen Eltern damals jede medizinische Hilfe, die nicht in Vollmondnächten aus einem Kräutersud gewonnen worden war, für ein ausgemachtes Werk des Teufels hielten.

Ich wurde krank bis über beide Ohren. Eine Lungenentzündung kam leider auch hinzu. Ich konnte kaum noch atmen wegen der schleimbildenden Bakterien, die meine Bronchien verstopften. Ich konnte kaum noch reden, weil sich meine Backen anfühlten, als hätten dort zwei Golfbälle den Ehrgeiz entwickelt, so groß wie Basketbälle zu werden. Und ich konnte kaum noch laufen, weil meine Hoden es schon mindestens auf Golfballgröße gebracht hatten.

In solchen heiklen Momenten ist man als Patient für eine behutsame Ansprache des Arztes besonders empfänglich. Der Doktor sagte also in bestechender Deutlichkeit zu mir: »Tja, junger Mann, dumme Geschichte. Vielleicht werden Sie niemals Kinder bekommen können.« Dann machte er Pause, Pause, Pause und fuhr fort: »Aber verhüten sollten Sie zur Sicherheit natürlich trotzdem.«

Von da an musste ich regelmäßig Spermaproben abgeben. Für die Wissenschaft. Aus meinen Ergüssen wurde herausgelesen, wie beweglich meine Spermien noch waren. Immer wenn ich mit der Herstellung des Produkts beschäftigt war und die Chose kommen sah, dachte ich, dass sie ja erstaunlich schnell unterwegs waren. Aber, wie sagen die Fußballer im Interview nach dem Spiel immer: Meine Leistung müssen andere beurteilen.

Genau diese Beurteilung durch andere war ein Problem. Ich hatte Schwierigkeiten damit, meine Proben zu gewinnen, weil ich mir dabei vorstellte, wie irgendeine Laborangestellte das Produkt später unter die Lupe nehmen, also unter dem Mikroskop begutachten würde. Nachdem die medizinisch-technische Assistentin, die offenbar die Untersuchungen vornahm, die Probe manchmal sogar persönlich entgegennahm und mich schelmisch anlächelte, war ich völlig verwirrt. Es ging dann zwar trotzdem, aber die ärztliche Prognose verbesserte sich kaum.

Im Laufe meiner weiteren Spermienproduktion erwiesen sich die kleinen Burschen überraschenderweise dann doch als weitaus flinker und zäher, als die Medizin sich das vorgestellt hatte. Und obwohl ich überhaupt nicht damit gerechnet hatte, bekamen wir sofort unsere Zwillingsmädchen, kaum dass Clara und ich nicht mehr verhüteten.

Dabei hatte ich darauf gehofft, dass die lange zurückliegende Mumpsinfektion das Ihre dazu beitragen würde, dass Clara nicht so schnell schwanger werden würde und wir lange würden üben müssen. Aber ich hatte mich geirrt. Die verbliebenen intakten Spermien schienen sich gehörig am Riemen zu reißen und alles zu geben, um sich nicht anmerken zu lassen, dass einige ihrer Kumpel nicht mehr ganz auf der Höhe waren. Ich fand das erfreulich, aber Clara kam nicht so gut damit zurecht.

»Du musst was tun«, sagt sie, während ich mal wieder abends im Bett vergeblich versuche, sie zu verführen. »So geht das nicht weiter.«

Wollte sie mich zu einem Therapeuten schicken?

»Wenn ich jedes Mal Angst haben muss, schwanger zu werden, kann ich nicht mehr mit dir schlafen«, sagt sie. »Und Kondome sind ja nun für uns beide keine Freude.«

So selten, wie wir miteinander schlafen, besteht rein statistisch gesehen schon keinerlei Gefahr mehr, dass sie schwanger wird, denke ich. Das ist rechnerisch völlig unwahrscheinlich, Mumps hin oder her. Aber das sage ich ihr natürlich nicht, die Sache muss ja nicht noch komplizierter werden.

»Und die Pille will ich auch nicht mehr nehmen mit Ende 30, das Risiko ist mir viel zu groß«, sagt Clara.

Ich nicke nur, sage erst mal nichts, denn es ist erfahrungsgemäß nicht gut, Clara in ihren Erwägungen zu unterbrechen.

Dann kommt die ultimative Erpressung. »Du kannst es dir ja überlegen«, sagt sie, als ob ich in meiner Entscheidung frei wäre. »Entweder du lässt dich sterilisieren, oder es läuft gar nichts mehr.«

Mit anderen Worten: Sie will unsere schon mächtig abgekühlte Beziehung aus dem Kühlschrank ins noch kältere Gefrierfach legen und sie erst am Sanktnimmerleinstag wieder auftauen.

Was ist denn schon dabei?

Auch ein paar Tage nach dem Vortrag ist Clara noch verwirrt. Raffael Steinberg hat bei ihr Saiten zum Klingen gebracht, die sie schon lange nicht mehr gespürt hat. Schlimmer: Sie hat gar nicht mehr gewusst, dass diese Saiten bei ihr überhaupt noch existieren, so wenig hat Alex sie in den letzten Jahren ihrer Ehe in Schwingung zu versetzen vermocht.

Die ganze Woche über fühlt sich Clara sonderbar berührt. Wie seltsam es ihr auf einmal vorkommt, womit sie ihre Tage verbringt. Die Männer, die sie in Behandlung hat und die wegen Erektionsstörungen zu ihr in die Klinik kommen, kreisen nur um sich und ihren Unterleib. Sie reden von ihren Schwierigkeiten, können minutiös schildern, wann und wo und wie oft und mit wem es bei ihnen nicht klappt – aber über ihre Beziehungen und darüber, wie es ihren Frauen in der Partnerschaft geht, verlieren sie kein Wort.

Sie hat auch jüngere Patienten unter 30. Wenn sie von ihren Ehen, Lieben, Freundschaften und ihren Potenzproblemen erzählen, geht es nur um den kleinen Mann da unten. Der soll gefälligst wieder in Ordnung gebracht werden, so wie ein gebrochenes Bein, das nur mal für kurze Zeit geschient oder eingegipst werden muss, und dann läuft alles wieder.

Sex halten die meisten von Claras Patienten offenbar für so selbstverständlich wie einen funktionierenden Drucker im Büro. Wenn es nicht klappen sollte, kommt der Servicemitarbeiter und wechselt die Patrone oder entfernt verklemmtes Papier. Doch so läuft das nicht. Ihre Patrone lässt sich nicht wechseln, das ahnen die meisten Männer vielleicht schon. Aber dass es sich nicht allein um ein mechanisches Problem bei ihrer Impotenz handelt, verdrängen viele Männer.

Wie anders und um wie vieles einfühlsamer ist da der Blick von Raffael Steinberg auf das fragile Beziehungsleben von Mann und Frau! Füreinander interessant bleiben, sich gegenseitig überraschen, den anderen verführen, eine Affäre mit dem Partner beginnen, all das hat er empfohlen. Und er hat erklärt, warum das so wichtig ist. Dieser Mann ist anscheinend doch kein aufgeblasener Wichtigtuer, sondern er weiß, was sich Frauen wünschen – und was Männer nur allzu selten geben können.

Schon am Mittwoch kann Clara tagsüber kaum an etwas anderes denken als an das Seminar am nächsten Abend. Ob er sie wohl wiedererkennen und anlächeln wird? Fünf weitere Doppelstunden bietet Steinberg an, mittlerweile ist sie fest entschlossen, das Gesamtpaket zu buchen und nicht nur die Schnupperstunde am ersten Kurstag.

Am Donnerstag ist Clara deutlich früher da als die Woche zuvor. Sie will sichergehen, dass sie möglichst weit vorn sitzt. Nicht ganz vorn, das wäre zu übertrieben und außerdem ein bisschen streberhaft. Sie ist ja nicht in der Schule. Aber nicht weiter hinten als in der fünften Reihe sollte es schon sein. Der Hörsaal füllt sich wieder bis auf den letzten Platz. Wahrscheinlich hat sich herumgesprochen, wie charmant und attraktiv Raffael – Clara nennt ihn für sich bereits Raffael – ist und wie spannend er sein Seminar gestaltet.

»Ich hoffe, ihr wisst jetzt schon ein bisschen besser, was ihr wollt«, beginnt Raffael seine Ausführungen. Er kommt gleich zur Sache, ohne seine langen Pausen zu Anfang.

»Drei kurze Fragen – und seid bitte ehrlich zu euch, das seid ihr euch schuldig. Erstens: Habt ihr erkannt, welche Energien ihr noch in euch tragt? Das ist mehr, als ihr glaubt. Zweitens: Seid ihr nur noch aus Bequemlichkeit mit euren Partnern zusammen oder weil tatsächlich noch ein Feuer in euch und füreinander brennt?« Raffael Steinberg schaut auffordernd in die Reihen. Hat er nicht gerade Clara zugezwinkert, oder bildet sie sich das nur ein? »Und drittens: Habt ihr den Mut, euer Leben und eure Lust wieder selbst in die Hand zu nehmen?«

»Ich wette, tief drin ahnt ihr es schon lange, und ihr kennt die Antworten selbst, auch wenn es vielleicht nicht schön ist, sich das eingestehen zu müssen.«

Raffael Steinberg dreht vor der ersten Hörsaalreihe seine Runden, jetzt dreht er seinen Zuhörern den Rücken zu, dann eine halbe Pirouette, und plötzlich sieht er sie frontal an. »Du und du und du«, er zeigt mit dem Finger auf ein paar der Leute in den ersten Reihen – und dabei auch auf Clara. »Überlegt euch doch mal, wie selten es ist, dass zwei Menschen, die zusammen sind, etwas Ähnliches denken oder sagen. Überlegt euch das!«

Er geht ein paar Schritte zurück.

»Okay, und jetzt überlegt weiter: Wie viel seltener kann es dann wohl vorkommen, dass zwei Menschen sogar das Gleiche fühlen! Zur selben Zeit? Und um wie viel größer muss erst der Zufall sein, dass es zwei Menschen zur selben Zeit dazu drängt, miteinander ins Bett zu gehen, sich zu vereinigen. Dass beide nichts auf der Welt dringender wollen!«

Jetzt ist doch wieder diese Raffael-Steinberg-Pause angesagt. Danach legt er sein charmantestes und gleichzeitig triumphierendes Lächeln auf und sieht Clara tief in die Augen.

»Die Schlussfolgerung für euer kleines Glück zu Hause und unterwegs überlasse ich jedem von euch selbst – aber naheliegend wäre es doch wohl schon, dass man sich, wenn man selbst Lust hat, mit einem Menschen zusammentut, der ebenfalls Lust hat.«

Dirty Talk

Soll ich mich tatsächlich operieren lassen? Ich habe es mit Christian durchgerechnet. Seine Frau hat ihm nämlich ein ähnliches Ultimatum gestellt wie Clara mir. Leitungen kappen, oder fortan herrscht Flaute im Bett. Christian ist als Analyst bei einer in London ansässigen Risikokapitalgesellschaft tätig. Er berechnet täglich, ob es sich für seinen Laden lohnt, in eine neue Firma zu investieren. Dazu muss das Start-up oder das schon länger bestehende, aber in Schwierigkeiten geratene Unternehmen eine wirklich gute Idee haben oder wirklich gute Leute – und vor allem muss die Kalkulation stimmen.

Christian und ich werden beide in diesem Jahr 40. Derzeit haben wir gefühlt einmal im Jahr Sex mit unseren Frauen, tatsächlich wird es wohl ungefähr einmal im Monat sein. Einmal im Monat. Unfassbar. Wenn uns das jemand mit 20 gesagt hätte!

Gut, man muss es sehen, wie es ist. Christian ist der Meister der schonungslosen Analyse. Einmal im Monat, unglaublich. Ein Skandal geradezu. Andererseits: Eine 20er-Packung Kondome kostet zwischen 12 und 18 Euro, je nach Hersteller und Qualität. Nehmen wir 20 Euro, das lässt sich leichter rechnen.

Einmal im Monat Sex mit Kondom verursacht demnach Unkosten von 12 Euro im Jahr. Wenn keines defekt ist oder reißt und wenn es nicht mehrmals hintereinander zur Sache geht, was in unserem Alter und in unseren Ehen aber naturgemäß nicht mehr vorkommt. Die Sterilisation kostet hingegen ungefähr 500 Euro einmalig, Minimum. Die Krankenkasse zahlt das nicht, man muss es selber berappen.

Rein rechnerisch ist die Aktion schwachsinnig. Um das zu erkennen, brauche ich nicht mal Christians Fachkenntnisse vom Finanzmarkt. Die 500 Euro hätte ich erst raus, wenn ich mit Clara – bei unserer derzeitigen Frequenz – knapp 42 weitere Jahre Sex habe. Dann bin ich fast 82. Aus Sicht eines Risikokapitalanlegers ist das definitiv keine lohnende Investition mit der Sterilisation, völlig unrentabel. Es muss doch noch andere Wege geben. Wenn man die monatliche Frequenz erhöhen könnte, wäre das Investment schon ein bisschen akzeptabler. Derzeit gibt es aber keinerlei Anlass, um auf eine solche Wende zu hoffen.

Ich habe immer wieder gehört, dass es manche Frauen angeblich anmacht, wenn man ihnen versaute Dinge sagt. Am besten ist es wohl, ihnen so etwas ins Ohr zu flüstern. Mag ja sein, aber ich konnte und kann das nicht, habe das noch nie gekonnt und gewollt. Den Satz »Du willst es doch auch« kann ich nicht allen Ernstes sagen, höchstens ironisch gebrochen, etwa während der Arbeit, wenn ich bei einer Besprechung die Kaffeepause einfordere und Birgit als Mitstreiterin gewinnen will. Aber ich kann doch unmöglich zu Clara »Du Schlampe« sagen, denn sie ist gar keine. »Du geiles Miststück« oder noch schlimmere Dinge kommen mir auch nicht über die Lippen.

Selbst ein »Ist es gut so, oder hast du es lieber etwas härter?« will ich nicht aussprechen. Ich glaube nicht, dass ich verklemmt bin, es kommt mir einfach unpassend vor.

Einmal, ganz am Anfang unserer Beziehung, habe ich es zwar doch zu Clara zu sagen versucht, aber ich fühlte mich lächerlich dabei, und unseren Sex veränderte das auch nicht maßgeblich, wenn ich mich richtig erinnere. Hinterher habe ich mich ein bisschen geschämt.

Mir geht es theoretisch ganz ähnlich wie Robert De Niro als Mafiaboss in diesem Film »Reine Nervensache«. Er sucht einen Psychiater auf, weil ihm das Töten keinen Spaß mehr macht und er einfach zu sensibel ist. Deshalb geht er auch zu einer Prostituierten, weil er von seiner eigenen Frau doch nicht Dinge verlangen kann, die sie nicht mag. Und wenn sie dann mit dem Mund, mit dem sie ihn bearbeiten soll, auch noch seine Kinder küsst, erfüllt ihn geradezu ein tiefer Abscheu. Was für eine Vorstellung. Nein, das geht gar nicht.

Vielleicht könnte ich Clara dafür ganz andere Dinge sagen, etwa dass sie permanent ihre Schlüssel verlegt und notorisch Strafzettel wegen Geschwindigkeitsübertretung bekommt, die dann aber an mich adressiert sind, obwohl doch eindeutig sie auf dem Bild von der Ortsdurchfahrt in der Nähe von Darmstadt zu erkennen ist. Aber »Du Raserin und Schlüsselverliererin« wird Clara kaum scharf machen, oder? Dass sie ganz schön wild oder geil oder was auch immer ist, will ich ebenfalls nicht zu ihr sagen, denn das merkt sie ja am besten selbst, wenn es so weit sein sollte.

Ich sage ja auch nicht zu ihr, dass sie aber ganz schön hungrig ist, wenn sie ihren Teller leer isst. Vielleicht sind mir unzählige Stunden erfüllter Sexualität entgangen, weil ich im Bett meistens gar nichts sage, erst recht nicht irgendeinen Schweinkram. Aber ich weiß eben auch, dass man in der Liebe authentisch bleiben muss und sich nicht verstellen soll. Alles kann, nichts muss. Deshalb bleibe ich lieber still.

Ich würde auch niemals mit Clara Pornofilme anschauen, um »in Stimmung zu kommen«, wie das immer genannt wird. Das wäre mir wahrscheinlich peinlich wegen der schlechten Dramaturgie der Filme, und für sie kommt das sowieso nicht infrage. Ich weiß eigentlich persönlich von keiner Frau, die sich so etwas freiwillig anschaut. Vielleicht zur Belustigung, aber nicht als erotische Stimulation. Und Sexspielzeug? Das kommt mir zu albern vor. Ich denke, wenn man so etwas nötig hat, kann man sich gleich Stützstrümpfe kaufen. Derartige Hilfsmittel lehne ich entschieden ab, ebenso wie Konservierungsstoffe und diese ganzen Lebensmittelzusätze mit den E-Nummern.

Ohne Orientierung

Sie verhaspelt sich. Beim Umziehen wirft sie immer wieder die Strümpfe durcheinander. Dann reißt sie sich eine Laufmasche. Sie probiert verschiedene Kleider an. Das eine ist zu festlich, das andere zu gewöhnlich und das nächste fällt so sackartig. Vielleicht sollte sie doch besser einen Rock anziehen? Dann entscheidet sie sich für Hose und Bluse, zieht beides gleich wieder aus und wirft alles auf ihr Bett. Sie duscht erst mal. Clara war lange nicht mehr so durcheinander. Sie ist nervös, vielleicht ist sie auch verliebt. Sie weiß nicht, was sie von Raffael Steinberg halten soll. Er ist frech, er ist dreist, und manchmal wirkt er so, als ob er wahnsinnig geschmacklos sein könnte.

Donnerstagabend, sie ist wieder früh im Hörsaal. Wieder der Platz in der fünften Reihe, ganz außen. Langsam wird es zum Ritual.

Neben Clara sitzt eine junge Frau. Sie hat knallig hennarot gefärbte Haare, grell roten Lippenstift aufgetragen und riecht wie ein orientalisches Gewächshaus. Sie trägt Armreife aus Holz und ein weit ausgeschnittenes, wild gemusterte, indisches Kleid, wie es längst im Museum für untergegangene Jugendkulturen zu finden sein müsste. Sie sieht trotz dieser Verkleidung eigentlich ganz nett aus, nur ihre Brüste bietet sie viel zu offensiv an, findet Clara.

Clara käme nie auf die Idee, ein so offenherziges Dekolleté zu tragen. Andererseits ist sie auch nicht der Typ dafür. Sie hat kleine Brüste, steht aber selbstbewusst dazu. Als sie das letzte Mal vom Frauenarzt routinemäßig gefragt wurde, in welchem Alter das Wachstum ihrer Brüste begonnen habe, antwortete sie: Ich warte heute noch darauf.

»Ich glaube, er findet mich interessant«, sagt die Henna-Nachbarin ungefragt zu Clara, bevor Raffael Steinberg überhaupt die Bühne betreten hat. »Er sieht immer zu mir herüber.«

Blöde Pute, denkt sich Clara. Wie kann dieses feuerrote Spielmobil mit den billigen Ethnoklamotten nur auf so eine absurde Idee kommen? Wie kann sie Raffaels Blicke auf sich beziehen?

»Das ist doch nur seine übliche Masche«, sagt Clara und versucht dabei, möglichst abgeklärt zu wirken. »Man lernt in jedem Rhetorikseminar, den Leuten zu vermitteln, dass nur sie gemeint sein können und kein anderer. Direkte Ansprache und so, Publikumsbindung. Würde ich nicht so schnell drauf hereinfallen.«

Clara ist außer sich. Glaubt diese minderbemittelte Lady neben ihr tatsächlich, dass sich Raffael für sie interessieren könnte? Unfassbar. Die hat doch gar nicht das Niveau. Viel zu unreif. viel zu einfach gestrickt. Viel zu ordinär. Und vor allem: Viel zu jung. Raffael doch nicht! So einer ist er nicht. Der hat es doch rein gar nicht nötig, sich mit dieser Dritte-Welt-Laden-Diva abzugeben, die nach Patschuli und Ökowaschmittel riecht.

Aber vielleicht ist sie nicht die Einzige, die Raffaels Draufängercharme auf sich bezieht. Vor Clara sitzt eine sehnige Outdoor-Aktivistin, die aussieht, als ob sie gerade mit ein paar Sherpas, aber ohne Sauerstoff den Nanga Parbat bezwungen hätte, was wohl auf Kosten etlicher Hirnzellen ging. Durchtrainiert bis in die Pobacken, Cargohose, Funktionshemd, aber wenig Stil.

Denkt die etwa auch, er würde sich für sie erwärmen können? Ihr Raffael? Was will die überhaupt hier, die soll sich doch einen Yakführer anlachen oder einen dieser zauselbärtigen dauergrinsenden Bergfexe, die in der Jack-Wolfskin-Werbung von Gipfel zu Gipfel hüpfen.

Raffael redet über den einzigartigen Moment, wenn zwei Menschen sich füreinander entflammen, wenn die

Hormone Purzelbaum schlagen, die Neuronen heiß laufen und die Nervenimpulse ein Feuerwerk zünden. Er zeigt wieder Bilder von Menschen beim ersten verliebten Zusammentreffen, vom wollüstigen Werben der Zebrafinken und Makaken. Er redet vom Hochgefühl, körperlich, seelisch und spirituell, und erläutert und charmiert und sagt noch eine ganze Menge mehr, aber Clara kann ihm nicht folgen, nicht heute, da diese anderen Frauen, die doch kaum in der Lage sein dürften, seine Anspielungen zu verstehen, um ihn buhlen. Das hat er nicht verdient. Da ist doch keine für ihn dabei.

Raffael schaut kurz zu ihr herüber, sie lächelt irritiert, aber jetzt ist sie sich nicht mehr sicher, dass er tatsächlich sie meint, nur sie.

Anders als an den vorangegangenen Kurstagen, als sie immer noch eine Weile versonnen auf ihrem Platz sitzen geblieben ist, nachdem Raffael seine Ausführungen beendet hatte, kann Clara es diesmal kaum abwarten. Gott sei Dank sitzt sie wieder ganz außen in der Reihe und ziemlich weit vorn. Ein guter Startplatz für ihr Vorhaben.

Sie schaut auf die Uhr. Lange kann es nicht mehr dauern. Vielleicht noch drei Minuten. Kaum hat Raffael seine letzten Sätze gesprochen, steht sie auf. Er verneigt sich freundlich – wie bescheiden er ist! – und bleibt ruhig stehen, während der Applaus um ihn herum aufbrandet. Clara hat es gleich geschafft und die fünf Reihen hinter sich gelassen, wenn ihr jetzt nicht noch eine Konkurrentin ein Bein stellt.

Sie steht vor Raffael, der schaut sie ebenso belustigt wie direkt an. Was für intensive Augen er hat und dieser fordernde Blick. Eigentlich weiß sie gar nicht, was sie sagen soll. Sie wollte nur den anderen zuvorkommen und die Erste sein. Und das ist ihr gelungen. Sie sagt immer noch kein Wort, und er steht einfach da und lächelt. Umwerfend.

»Übermorgen im Dolce Vita, um acht?«, sagt er.

Clara ist wie benommen. Sie wird rot, bleibt unschlüssig stehen. Sie spürt die Blicke der anderen. Hinter ihr wächst die Schlange der Frauen, die Raffael noch etwas fragen wollen.

Ein Schnitt für die Liebe

Ich liege auf dem Operationstisch, bin aber bei vollem Bewusstsein. Nur mein Unterleib ist entblößt, oben herum habe ich etwas an. Ein Mann im kurzen grünen Hemd kommt in den erstaunlich kleinen, erstaunlich schwarz gefliesten OP-Saal und stellt sich als Pfleger Holger vor. Er wirkt freundlich, aber nicht anbiedernd kumpelhaft, was angesichts dessen, was wir jetzt hier vorhaben – er, ich und der Arzt –, auch unangemessen wäre. Er beugt sich über mich und nestelt an meinem Unterleib herum.

Eine seltsame Perspektive, wenn sich jemand über einen beugt und einen in den Schritt fasst, der einen nicht lieb hat. Pfleger Holger hat Gummihandschuhe an. Er zieht mit seinen behandschuhten Händen meinen Penis nach oben, sodass er in Richtung der Operationslampe zeigt wie eine Opferkerze, die unter einem Heiligenbild flackert. Mit einem Plastik-Einmalrasierer schabt Pfleger Holger in regelmäßigen Bahnen das Schamhaar von meinem Hodensack herunter. Wie beim Rasenmähen, eine Spur neben der anderen. Das kratzt und macht Gänsehaut, ein komisches Gefühl, auch wenn weder mein Penis noch die Hoden geopfert werden sollen.

Iris Radisch hat einmal für die »Zeit« einen Porsche getestet und über die Probefahrt geschrieben, dass sie der Porsche an ein Phallussymbol erinnert hat. Das ist ungefähr so originell, wie zu fragen, was am Fußball denn bitte schön so spannend sein soll, wenn bei dem Spiel doch nur 22 Männer hinter einem Ball herlaufen. Origineller war allerdings, dass Iris Radisch bei der Gangschaltung des Porsche, die sie in meiner Erinnerung als von kamelhaarfarbenem Leder ummantelt beschrieben hatte, an die runzelige Textur eines Hodensacks denken musste.

Ich versuche, nicht an Iris Radisch oder an andere kamelhaarfarbene Literaturliebhaberinnen zu denken, da sich mein Phallus in der kommenden halben Stunde weder in einen Porsche noch in etwas anderes verwandeln sollte, sondern vor allem dauerhaft seine Form bewahren.

Denn in einer halben Stunde würde schon alles anders sein. Am Vorabend habe ich ein Fußballspiel im Fernsehen angeschaltet, aber schnell die Lust daran verloren und das Geschehen auf dem Spielfeld nur noch am Rande mitbekommen. Nach einer Weile schreckte ich hoch. »Ein Schuss ins Schwarze«, rief der Reporter plötzlich wie von Sinnen. Irgendein Stürmer jubelte, begattete mit ekstatischen Bewegungen die Eckfahne und wurde dann von seinen Mitspielern zu Boden gerissen und unter ihren schwitzenden Leibern begraben. Der Stürmer hatte nach soundso viel Hunderten Minuten seine Torflaute beendet und nach langer Pause getroffen. »Jetzt kann er endlich wieder befreit aufspielen«, sagte der Reporter. Mir ist schlecht.

Ich lasse mich ihretwegen sterilisieren. Vielleicht hat ihre Lustlosigkeit ja technische Ursachen? Weil ich immer erst mit dem Kondom hantieren muss, bevor wir miteinander schlafen, und sie das unerotisch findet. Aber die Pille will sie nicht mehr nehmen. Zu gefährlich. Zu lästig. Vorbei. Sie ist ja keine 20 mehr.

Ich versuche mich zu erinnern, wann ich das letzte Mal mit ihr geschlafen habe. Wann immer es war, es war das letzte Mal mit intakten Samenleitern. Der letzte Treffer ins Schwarze. Danach wird Flaute herrschen, nicht für soundso viel Hunderte Minuten, sondern für immer, für soundso viel Hundert Tage, soundso viel Hundert Wochen, soundso viel Jahre. Zunächst wegen meiner Rekonvaleszenz nach der Operation. Das geht vermutlich irgendwann vorbei. Aber dann. Was ist dann?

Vielleicht beeinträchtigt die Sterilisation entgegen allen Beteuerungen der Mediziner ja doch meine Potenz, meine Lust oder was auch immer. Kommt da überhaupt noch was, so ganz konkret im stofflichen Sinne? Kann ich überhaupt jemals wieder erotische Fantasien entwickeln, wenn ich immer daran denken muss, was der Arzt mit meinen Samenleitern angestellt hat, das heißt: gleich anstellen wird?

Ich konzentriere mich auf die Ohrringe von Pfleger Holger, der immer noch gewissenhaft an meinem Hodensack herumschabt. Wie war das mit Ohrringen bei Männern? Sagt der Ring im rechten oder im linken Ohr etwas über die sexuellen Vorlieben eines Mannes aus? Unvermittelt kommt der Arzt in den OP-Saal. Ein grauhaariger Endfünfziger mit sonorer Stimme, der eine wichtige Nebenrolle in jeder Arztserie spielen könnte, für die Hauptrolle aber vielleicht etwas zu unspektakulär ist. Aber als Vertrauensarzt für die jungen Kollegen oder als einer, der im unmenschlichen Klinikalltag immer Mensch geblieben ist, wäre er eine Superbesetzung. Und schließlich hat Clara ihn ja auch empfohlen.

Von Clara wollte ich den Eingriff nicht vornehmen lassen. Das schien mir unpassend. Sie war operativ ein wenig aus der Übung gekommen, und mir war der Symbolgehalt einer solchen Tat durch ihre Hand auch etwas zu übermächtig. Sich von der eigenen Frau enteiern zu lassen, das musste ja nicht sein. Auch wenn Clara immer wieder betont hat, dass meine Hoden unversehrt und auch sonst alles an seinem Platz bleiben würde. Nur die Samenleiter werden durchtrennt, sonst nichts. Von wegen sonst nichts!

Obwohl ich untenherum nackt bin, komme ich mir nicht besonders nackt vor, was mich irritiert. In dem halb sterilen OP-Bereich ist mein Rumpf mit grünen Tüchern bedeckt, die um die Genitalregion einen kreisrunden Ausschnitt offen lassen. Vielleicht liegt es an dieser Restbedeckung, sonst hätte ich mir Sorgen gemacht.

Ich habe Angst, bin furchtbar angespannt und will am liebsten aufstehen und gleich wieder gehen. Das ist möglich, denn ich bin ja freiwillig hier. Ich habe zwar eine Einverständniserklärung unterschrieben, doch was heißt das schon. Ich handele ja aus Liebe, und das ist möglicherweise ein schlimmerer Grad der Verwirrung als die übliche Unzurechnungsfähigkeit von Patienten, die hier einlaufen. Ich bin für einen Wahleingriff hier, den ich auch noch selbst bezahlen muss. Ihr zuliebe. Bisher habe ich allerdings weder eine Narkose bekommen, noch bin ich anderweitig betäubt. Im Gegenteil. Meine Sinne sind aufs Äußerste geschärft. Ich nehme jede Regung von Arzt und Pfleger gespannt wahr und erwarte alsbald stechende Schmerzen am Gemächt.

Die örtliche Betäubung in den Hodensack ist tatsächlich nicht schlimmer als die Spritze beim Zahnarzt. Sie beginnt bald zu wirken, das Einzige, was ich unterhalb des Bauchnabels noch spüre, ist das braune Desinfektionsmittel, das mir langsam zwischen den Beinen entlangrinnt. Von diesem Moment an spüre ich am Ort des Geschehens nur noch ein dumpfes Drücken und Ziehen.

Ich habe allerdings das Gefühl, dass meine Hoden auf Rosinengröße geschrumpft sind und der Urologe besser eine Lupenbrille aufgesetzt hätte, um sein Werk ordentlich zu verrichten. Ich spüre nichts, und das erinnert mich an das taube Gefühl im Schritt, das immer dann einsetzt, wenn ich Rennrad fahre und die Steigung sich in die Länge zieht und dann der Satteldruck erst meinen Damm blockiert und dann meinen halben Unterleib lahmlegt.

Während der Arzt, der mir eigentlich Vertrauen einflößen könnte, mit ruhiger Hand meinen Hodensack aufschneidet, Bindegewebe beiseitedrängt und dann den

Samenstrang freilegt, male ich mir aus, was jetzt alles noch passieren könnte: Es könnte aus der mein Gemächt versorgenden Arterie bluten, Nerven könnten irreversible Schädigungen davontragen, mein Penis könnte verletzt werden und für immer eine kleine, aber entscheidende Funktionseinschränkung behalten. Natürlich drohen auch örtlich begrenzte Infektionen, die sich unglücklicherweise zu einer Bauchfellentzündung ausweiten und leider, leider eine Amputation unumgänglich machen könnten. Wir haben alles versucht, so etwas kommt absolut selten vor, aber man steckt ja nicht drin, höre ich die Ärzte sagen.

Der Urologe durchtrennt meine Samenleiter, verödet und verknotet anschließend die abgeschnittenen Enden und verschließt an beiden Seiten des Hodens mit jeweils drei Stichen die Wunde. Meine Fantasie geht mit mir durch: dick angeschwollene, bläulich verfärbte Hoden, Schmerzen beim Wasserlassen, eine drohende Blutvergiftung, Impotenz und manchmal Inkontinenz, langes, qualvolles Siechtum, chronisches Elend.

Eigentlich bin ich ein zuversichtlicher, optimistischer Mensch. Bei einem so lächerlichen Eingriff wie einer Sterilisierung bräuchte ich doch keinen Gedanken an etwaige Komplikationen oder Folgeschäden zu verschwenden. Während der erfahrene Urologe sein Handwerk routiniert an meinen Genitalien verrichtet, blättert sich mir mein ganzes lebensweltliches Unbehagen gegenüber diesem Eingriff auf. Nichts wie weg hier, ich muss hier raus!

Was, wenn sich herausstellt, dass meine Kinder doch nicht meine Kinder sind? Ein Versehen in der Klinik, eine Verwechselung? Und was ist mit diesen angeblich zehn Prozent Kindern, die doch nicht von dem Mann abstammen, der glaubt, ihr leiblicher Vater zu sein? Was, wenn irgendwann später das Bedürfnis nach eigenen Kindern wieder aufkommt? Was, wenn sich die Lebensumstände plötzlich ändern, als Mann bleibt man ja theoretisch bis ins hohe Alter zeugungsfähig, es sei denn, man lässt sich in schwarz gekachelten Räumen von schwulen Pflegern seiner Männlichkeit berauben. Was, wenn vorhin beim Rasieren die Klinge abgerutscht ist und ich das Malheur erst bemerke, wenn die Narkose nachgelassen hat?

Wahrscheinlich sind sie gerade dabei, das Blut auf den Fliesen aufzuwischen, die Spritzer an den Wänden zu entfernen und die schlimmsten Schäden vor Ort in einem Noteingriff zu reparieren oder das Malheur anderweitig zu vertuschen. Ich spüre wegen der örtlichen Betäubung nur nichts davon, aber das Erwachen wird fürchterlich.

Der Arzt unterbricht meine schwarzen Gedanken. Wie, was, das war es schon, er ist bereits fertig? Ich bekomme eine weitmaschige Netzunterhose verpasst, die lächerlich aussieht und sich noch lächerlicher anfühlt. Noch ist mein Schritt völlig betäubt, es fühlt sich an, als ob ich Watte in der Hose hätte. Ich bin ein Mann ohne Unterleib.

»Nicht erschrecken, aber sie werden an den Hoden blaue Flecken bekommen«, sagt mir der Arzt seelenruhig, während er sich mit diesem hässlichen Ratschgeräusch die Gummihandschuhe abstreift. »Nach ein paar Tagen wird das aber wieder vorbei sein.«

Keine besonders beglückende Vorstellung, aber das wird sich schon wieder geben.

»In den nächsten Tagen werden sich ihre Hoden womöglich auch etwas schwer anfühlen«, sagt der Arzt.

»Ach Herr Doktor, das tun sie doch schon lange«, will ich antworten.

Ich sage es dann aber doch nicht, sondern verabschiede mich mit einem seltsam tauben Gefühl zwischen den Beinen.

Unser Lied

Clara hat es lange offengelassen, ob sie zu dem Abendessen ins Dolce Vita kommt. Das redet sie sich zumindest ein. Eigentlich weiß sie von dem Moment an, da Raffael die Einladung ausgesprochen hat, dass sie hingehen wird. Sie hat sich den ganzen Nachmittag darauf vorbereitet. Zu Alex hat sie gesagt, sie würde sich mit Dorothee treffen und letzte Planungen für das Fest besprechen. Sie kam sich lächerlich vor, kindisch, solche Notlügen hat sie schon lange nicht mehr nötig gehabt. Aber Alex hat nicht weiter gefragt und sich mit ein paar Fachbüchern zurückgezogen.

Clara ist schon um 19.45 Uhr in der Nähe des Lokals, aber sie geht auf und ab und plant, das Feinschmeckerrestaurant erst um 20.05 Uhr zu betreten. Soll Raffael bloß nicht denken, dass sie ihm hinterherläuft. Das hat sie gar nicht nötig, sie kennt ihn ja kaum. Als sie eintritt, ist Raffael schon da. Er kommt mit offenen Armen auf sie zu, umarmt sie aber nicht, sondern gibt ihr einen angedeuteten Handkuss.

»Schön, dass du da bist! Und wie umwerfend du aussiehst«, sagt er und hakt seinen Arm bei ihr unter.

»Ja, schön« – mehr bringt sie nicht heraus. Was für eine originelle Bemerkung. Sie kommt sich wahnsinnig unbeholfen vor, aber da muss sie jetzt durch.

»Ich habe den Tisch dort hinten am Fenster für uns ausgesucht«, sagt Raffael und führt sie zum Platz. »Toni, bringst du uns zwei Champagner – aber von dem trockenen, den du nur für deine Lieblingsgäste rausrückst.« Toni nimmt Raffaels Bestellung mit einem freundlichen Nicken entgegen und wirft Clara dann einen fast mitleidigen Blick zu.

Eigentlich verachtet sie Männer, die ihr Selbstbewusstsein daraus gewinnen, dass sie mit Gastwirten, Oberkellnern und anderem Servicepersonal plumpe Vertraulichkeit demonstrieren. Clara könnte nie mit einem Mann zusammen sein, der ins Restaurant kommt und zu dem Chef sagt: »Wie immer.«

Aber Raffael ist ja ganz anders. Er plaudert, er lächelt, er beugt sich zu ihr. Wie gut er aussieht! Sie fühlt sich von seinem Charme wie in einen warmen, flauschigen Frotteebademantel gehüllt, und zwar von Kopf bis Fuß. Zu ihr dringen nur soziale Wohllaute herüber, ein weiches Vibrieren, sie hört gar nicht genau, was er sagt, sie findet nur, dass es sich schön anhört.

Zwischendurch muss sie über sich selbst lachen, weil sie sich wie ein pubertierender Teenager von diesem Kerl um den Finger wickeln lässt. Dabei ist es ihr bei anderen Männern doch sonst immer ungemein wichtig, dass sie eine gemeinsame inhaltliche Ebene finden, ein intellektueller Austausch möglich ist. Sie genießt einfach nur, dass es sie in seiner Anwesenheit sanft durchströmt.

Das Essen ist wundervoll: Jakobsmuscheln, dann Wolfsbarsch, dazu dieser spritzig-trockene Weißwein, von dem sie schon mehr als genug probiert hat, jetzt die Mousse von weißer Schokolade und frisches Obst, dazu wird ein schwerer fruchtiger Dessertwein gereicht. Erst nach einer Weile merkt sie, dass sie gar nichts bestellt hat. Wie umsichtig von Raffael, er hat das Menü für sie ausgesucht und arrangiert.

Es wird spät, und irgendwann sind nur noch wenige Gäste im Dolce Vita. Die Musik ist inzwischen leiser geworden. Raffael hat ihr nachgeschenkt und gerade von seiner Reise nach Patagonien erzählt, auf der er zu sich selbst gefunden hat. Ganz allein war er drei Monate lang mit dem Rucksack in der Wildnis unterwegs.

Während Raffael berichtet, welche intensiven Erfahrungen er während dieser Reise gemacht hat, greift er immer mal wieder spielerisch nach Claras Hand und streichelt über ihren Handrücken. Sie lässt es geschehen, ihr gefällt es sogar. Beim nächsten Mal, als er ihre Hand berührt, streift er ihr beiläufig mit erstaunlichem Geschick einen Armreif über.

»Wie schön der ist«, sagt Clara entzückt. Es ist lange her, dass Alex ihr zuletzt Schmuck geschenkt hat. Und auch damals hat er zielsicher danebengegriffen. Er brachte ihr von einer seiner Reisen eine kleine unscheinbare, geschnitzte Holzdose mit, in der manche Stämme in Pakistan nach dem Beschneidungsritual die Vorhaut aufbewahren.

»Schau ihn dir genau an«, fordert Raffael sie auf.

Clara streift den Armreif wieder ab, bewundert das filigrane Muster und sieht die Gravur in der Innenseite. »Für die Eine unter Millionen«, steht da in feiner, kaum zu lesender Schrift.

Schmuck beim ersten Rendezvous? Sie ist gerührt und ein bisschen verlegen. »Du bist zauberhaft«, sagt sie. »Aber du warst noch nicht fertig mit deiner Geschichte von Patagonien, erzähl weiter.«

»Ach, das ist nicht so wichtig, ich will viel mehr von dir erfahren.«

»Bitte, erst zu Ende erzählen.«

»Und dann wusste ich irgendwann, ich musste mich entscheiden, ich musste herausfinden, was wirklich für mich wichtig ist, was zählt«, sagt Raffael. Jetzt schaut er Clara lange an.

Er greift ihre Hand wieder, streichelt mit dem Zeigefinger über ihren Handrücken und die einzelnen Finger, dann wird sein Griff plötzlich fester. Er lässt nicht los und sagt stattdessen: »Komm!«

Signale an der Bar

Wir sitzen an der Bar. Valerie und ich sind bisher die einzigen Gäste hier. Sie leitet eine Nachwuchsgruppe in Trier. Mich hat dieser Kongress in Rostock gereizt, obwohl es die erste Tagung ist nach meiner Operation und ich mich noch ein bisschen schonen sollte, wie der Arzt mir augenzwinkernd mitgab. Aber ich wollte unbedingt hinfahren, weil mich diese Sinnenlust fasziniert, die der Osten Deutschlands verströmt, diese verspielte Kuschelecke der Republik. Wie oft haben wir in Vorträgen die Zahlen und Kasuistiken gehört – wie viel mehr Sex die Ostdeutschen haben, wie viel zärtlicher sie miteinander umgehen, wie viel befreiter und liebeslustiger und tabuloser sie sind.

Regelmäßig bekomme ich jedes Jahr die neuesten Umfragen über das Sexualverhalten der Deutschen zugeschickt. Diverse Kondomhersteller publizieren die Daten. Erstaunlicherweise ist immer wieder zu erfahren, dass die Deutschen im Durchschnitt 104-mal im Jahr miteinander ins Bett gehen, die Ossis eher mehr, die Wessis eher weniger.

Man muss kein Mathematikgenie sein, um zu erkennen: 104-mal im Jahr, das ist exakt zweimal die Woche. Die Kondomhersteller haben wahrscheinlich gar keine Umfrage gemacht, sondern nur die alte Regel Martin Luthers statistisch umgesetzt: »In der Woche zwei bis vier, schadet weder ihm noch ihr.« Da die Kondomhersteller wissen, dass auch der alte Reformator ein alter Angeber und noch dazu gebürtiger Ossi war, haben sie sich trotzdem an den unteren Wert seiner Empfehlung gehalten.

Um an landsmannschaftlichen Stolz und patriotisches Stehvermögen zu appellieren, gibt es in den einschlägigen Statistiken Unterschiede zwischen den Bundesländern. Jedes Mal liegt Meck-Pomm weit vorn – auch dies wohl eine Reminiszenz an die Kuschel-Ossis, bei denen alles viel liebevoller und menschlicher zuging. Zudem leben dort eh kaum noch Menschen – und die müssen sich nun mal ziemlich oft paaren, um nicht ganz auszusterben. Vielleicht gibt es im Osten aber tatsächlich irgendeine Substanz, die aus den alten Tagebauen strömt und die Frauen liebestoll macht. Das müsste sich ja auf Kongressteilnehmerinnen aus dem Westen auch entsprechend auswirken.

Es muss hier ganz ähnlich sein wie in Patrick Süskinds Roman »Das Parfum«. An dem Tag, an dem der Held Jean Grenouille hingerichtet werden soll, verteilt er sein aus verliebten Jungfrauen gewonnenes Parfum auf dem Schafott, und es verbreitet sich buchstäblich in Windeseile auf dem Marktplatz. Daraufhin kann die schaulustige Bevölkerung, die eigentlich dem Henker bei seinem blutrünstigen Tun zuschauen wollte, nicht mehr an sich halten. Sie ist so betört, dass sie sich plötzlich die Kleider vom Leib reißt, in einer wilden Orgie übereinander herfällt und sich hemmungslos liebt. Eros statt Tod.

Ich hatte mich mal vor langer Zeit in Barcelona in eine Frau verliebt. Sie sagte, dass sie als Hebamme arbeiten würde und so alt sei wie Jesus, als er gekreuzigt wurde. Da waren Fortpflanzung wie auch die Vergänglichkeit bereits mitgedacht. Eros und Tod, das war wie die besondere Atmosphäre in den Anatomiekursen der Mediziner, die angeblich nach dem Unterricht nur umso leidenschaftlicher übereinander herfallen, als ein Triumph über die Toten und als eine Feier des Lebens. Vielleicht ist das Wissen um Niedergang, Ende und Vergänglichkeit auch der Grund für die Leidenschaft der Ossis.

Ich bin vorhin durch die Stadt gelaufen, immer auf der Suche nach dem liebestollen Quell. Vielleicht liegt es ja am Essen oder dem immer noch typischen Geruch, wahrscheinlich setzen sie der Luft Moleküle zu, die scharfmachen. Alte Stasi-Tradition, um die Bevölkerung von staatsfeindlichen Umtrieben abzuhalten und sie anderen Trieben zuzuführen.

Der Barkeeper mischt im Hintergrund ein paar Drinks. Bei diesem Ethnologenseminar habe ich mich eigentlich auf eine Fachdiskussion mit dem Kollegen Kortmann eingestellt, der will immer recht haben.

Doch jetzt ist sie da, und sie ist hinreißend. Sie heißt Valerie, und sie lächelt. Sie gilt als die vielleicht größte Nachwuchsforscherhoffnung der Branche, aber das wurde ihr auch ein bisschen in die Wiege gelegt. Der Vater ist Schwede, ein legendärer Feldforscher, der jahrelang die Bestattungsrituale in der Südsee untersucht hat und auf Polynesien Valeries Mutter, eine Einheimische, kennengelernt hat. Das Ergebnis kann sich sehen lassen: Valerie ist groß und blond, aber mit dunklem Südseeteint und nicht so breithüftig und stämmig wie so viele Skandinavierinnen, sondern feingliedrig und anmutig – und Pobacken hat sie, so klein und hart wie Eishockeypucks.

Da, sie wirft ihre Haare mit einem lässigen Schwung nach hinten. Damit legt Valerie ihre Seite frei und demonstriert mir, dass sie mir vertraut. Raubkatzen wissen, dass der Hals die verwundbarste Stelle von Säugetieren ist. Wenn sie den Hals zeigen, ist das eine unmissverständliche Unterwerfungsgeste. Und was macht Valerie denn jetzt? Sie streicht sich langsam mit der Zunge über die Lippen, erst die Unterlippe, dann die Oberlippe. Mehrmals hin und her, ein astreiner Lipkick. Jetzt weiß ich: Sie will es auch.

Es ist aufregend mit ihr, gleichzeitig ist die Situation ungeheuer komisch. Wir beide wissen, was wir tun, wir kennen den Symbolgehalt unserer Flirtversuche nur zu genau. Wir wissen, was unsere Gesten, Blicke und Bewegungen bedeuten. Und wir wissen, dass der andere es auch weiß. Wir lächeln. Chin-chin.

Leise Loungemusik, nur das rhythmisch aneinanderstoßende Eis im Mixer des Barkeepers ist zu hören. Ich könnte vergessen, dass wir in einem Hotel an der Ostsee sind. Ich bin schon ein paar Tage vorher zu dem Satellitensymposium der Verhaltensforscher nach Rostock gereist, um meinen Vortrag in Ruhe weiter auszuarbeiten. Doch jetzt finde ich bestimmt keine Ruhe mehr, sondern ich umkreise Valerie ruhelos wie ein Planet sein Zentralgestirn.

Sie nippt vorsichtig an einem Glas Baileys Cream, schürzt dabei verführerisch die Lippen. Ich habe ein robustes ostdeutsches Bier bestellt. Wir lehnen an der Bar. Eigentlich bin ich kein Mann, der cool an der Bar lehnen kann. Ich fühle mich dabei immer etwas unwohl. Entweder ist der Tresen zu niedrig, der Hocker zu wackelig oder alles zusammen. Es geht nicht. Aber sie macht mich das im Moment vergessen. Clint Eastwood könnte nicht lässiger hier sitzen als ich. Ich lehne mich weiter zu ihr, gleich werde ich zufällig ihren Arm berühren. Ich lehne mich noch ein bisschen vor, ich falle vom Hocker, kann mich gerade noch am Tresen festhalten. Glücklicherweise habe ich mir bei diesem Manöver untenrum nichts gequetscht. Sie lacht.

»Hoppala, wo bleibt die Standfestigkeit, Kollege«, fragt sie. »So labil?«

»Manche Frauen hauen mich einfach um«, sage ich und bestelle einen Whiskey.

Valerie hat einen superengen Rock an und einen noch engeren Pullover. Ihr Körper zeichnet sich vorteilhaft durch die Oberbekleidung ab. Das schulterlange blonde Haar kitzelt ihre rechte Schulter, weil sie den Kopf immer wieder leicht zur rechten Seite neigt. Eine eindeutige Demutsgeste, wie sie als international inzwischen anerkannte Primatenforscherin doch wissen muss. Ist sie etwa schon bereit? Vor Beginn des eigentlichen Balzrituals? Sollten ihr Hormonzyklus und mein gurrendes Paarungswerben auf Anhieb eine günstige Konstellation erwischt haben?

Ihr Rock ist von glänzendem, dunkelrotem Samt, und ich muss an das rot leuchtende Gesäß der Mantelpaviane denken, die ihre Paarungsbereitschaft vor allem mit einem Wechsel der Farbgebung signalisieren. Das ist seit Jahren eines von Valeries Hauptforschungsgebieten und diese Farbwahl deshalb bestimmt kein Zufall. Nicht bei Valerie, sie weiß genau, was sie tut. Sind die Affenweibchen gerade nicht kopulationswillig, ist ihr Hinterteil nur langweilig grau. Wenn sie wollen, nimmt es hingegen diese aufreizend intensive Signalfarbe an, die selbst für einen Affen nicht zu übersehen ist. Sie hätte ja auch einen Rock in einer anderen Farbe anziehen können.

Als ich mir weitere Gedanken über die Signalgebung ihrer Textilien mache – der eng sitzende Rollkragenpullover ist echsengrün und wechselt in dem trüben Licht aufregend die Farbe von Lind- zu Grasgrün –, stürmt eine Schar ostdeutscher Jungmänner in die Bar. Sie sind alle schon ziemlich angetrunken, ordern aber unvernünftigerweise noch mehr Alkohol. Kaum sind sie angekommen, machen sie grob anzügliche Anspielungen, die sich nur auf meine Begleiterin beziehen können. Peinlich und ärgerlich.

An diesen Rüpeln sind mehrere Tausend Jahre menschlicher Evolution spurlos vorbeigegangen. Man kann die derben Bemerkungen großzügig als landsmannschaftliche Lobpreisungen von Valeries sekundären Geschlechtsmerkmalen interpretieren. Schön ist das allerdings nicht, und diese fremden Männer mit den aufgedunsenen Gesichtern werden immer lästiger.

Ich muss an die neuesten Forschungen von Brenz und seiner Arbeitsgruppe zum Beziehungsverhalten der Wasserläufer denken. Bisher haben wir angenommen, dass bei Wasserläufern allein die dominanten und besonders aggressiven Männchen zum Zuge kommen und die scheuen Insekten den Kürzeren ziehen und dumm in die Tiefe schauen, während die Weibchen von den Angebern begattet werden. Aber Brenz, dieser Teufelskerl, hat die bisherige Beziehungsforschung über Wasserläufer auf den Kopf gestellt!

Denn auch die scheuen, freundlichen Wasserläufer bekommen ihre Weibchen ab. Man muss den Tieren nur genügend Raum lassen und den Versuchsaufbau den Bedingungen in der freien Natur nachempfinden. Brenz hat dazu keinen Aufwand gescheut und wassergefüllte Beziehungskisten konstruiert. Aus denen können die Weibchen in benachbarte, weniger bevölkerte Bassins ausweichen, wenn sie bedrängt werden. Sind alle Tiere in einem Raum vereinigt und können nirgendhin ausweichen, dominieren die aggressiven Männchen. Bleiben aber Öffnungen zu anderen Beobachtungskammern bestehen, ziehen sich die Weibchen von den Angebern unter den Wasserläufern zurück und weichen aus, um sich den zurückhaltenden Männchen hinzugeben. Es gibt also doch so etwas wie Gerechtigkeit in der Natur, zumindest wenn genügend Platz vorhanden ist.

Die Rüpeleien an der Bar sind inzwischen kaum mehr auszuhalten. Die Kerle sind widerlich aufdringlich. Eigentlich muss man diese unverschämten Burschen zurechtweisen. Vorerst ignoriere ich sie aber noch, und Valerie geht auch nicht weiter auf sie ein. Unsere Balzanbahnung gerät darüber allerdings ein wenig ins Stocken.

Normalerweise hätte ich den Kerlen eine Lektion erteilt, schließlich hatte ich früher Kurse in diversen asiatischen Selbstverteidigungstechniken belegt. Aber noch haben sie uns ja nicht angegriffen. Zudem habe ich eben auch die nicht so schnell wiederkehrende Chance, Zeuge eines beeindruckenden wissenschaftlichen Experiments zu werden. Ein Dilemma für jeden Mann, der sich zwar den ritterlichen Tugenden verpflichtet fühlt und einer Dame in Not sofort Beistand leisten will, der aber auch den wilden Entdeckergeist des Forschers in sich lodern spürt und weiß, dass die Wissenschaft manchmal Opfer verlangt. Ließen sich die neuesten Ergebnisse der Wasserläuferforschung vielleicht auch auf den Menschen übertragen? Könnte eine bisher unbewiesene Hypothese endlich belegt werden?

Ich nicke meiner Begleitung vielsagend zu. Valerie wird es bestimmt verstehen. Sie muss es verstehen. Vielleicht nicht gleich, aber später. Erklären kann ich es ihr jetzt nicht, dann wäre alles kaputt. Ich stehe in aller Ruhe auf und ziehe mich in den angrenzenden Nachbarraum in die Kaminecke zurück. Würde sie mir sofort folgen und damit die bisher zu Unrecht verkannte Ähnlichkeit von Menschen und Wasserläufern in einem Einzelfallexperiment erhärten? Ich träume bereits von unserem gemeinsamen EU-Forschungsantrag, den ich mit dieser Kasuistik einleiten würde.

Die Jungmänner pöbeln noch ein bisschen herum, aber nachdem der Barmann einmal kurz und entschieden laut geworden ist und sie in ihre Schranken verwiesen hat, geben sie Ruhe und trollen sich. Fast eine Idee zu früh, denn es wäre ja spannend gewesen, wie lange Valerie es bei diesen Rabauken aushält und wann sie zu mir kommt, um sich mir hinzugeben. Einer macht im Hinausgehen noch eindeutige Zeichen in Richtung meiner Begleiterin, aber sie ignoriert das ziemlich cool. Sie hat zweifellos Klasse. Ich begehre sie gerade umso mehr.

Valerie bestellt sich noch einen Baileys Cream, dann geht sie sehr langsam, mit sehr verführerisch ausladendem Hüftschwung auf mich zu. Bestimmt ist sie jetzt sehr anlehnungsbedürftig nach dieser Aufregung. Und ich Glückspilz bin gerade da, um ihr Stärke, Sicherheit und allen notwendigen männlichen Trost und Schutz zu geben. Der Alkohol und die aufgeladene Atmosphäre haben sie offenbar in Stimmung versetzt. Überstandene Gefahr macht Lust auf mehr, auf eine Feier des Lebens. Man möchte jubilieren, dass die Bedrohung überstanden ist. Mein Körper und Geist sind auf Hochspannung. Ihrer bestimmt auch.

Valerie fixiert mich. Mit jedem Schritt wird ihr Blick intensiver. Was für eine Frau. Ich sehe sie herausfordernd und direkt an und halte ihrem Blick stand. Ich spreize meine Beine lässig wie ein Cowboy, der sich nach einem langen, staubigen Ritt im Saloon ausruht und seinen Drink verdient hat. Sie soll sehen, dass ich mich in ihrer Anwesenheit sicher fühle, ihr voll und ganz vertraue und sogar meine Genitalien schutzlos preisgebe. Dabei bin ich gerade erst an dieser heiklen Stelle operiert worden. Im Tierreich ist das als eine unbedingte Geste des Vertrauens zu verstehen. Zugleich kann sie meine Haltung als ein Signal meiner Potenz auffassen. Schau nur her, was ich zu bieten habe. Valeries roter Rock leuchtet noch greller als zuvor. Ich bin geblendet. Wie schön sie ist!

»Du elender Feigling«, zischt sie laut und scharf, als sie direkt vor mir steht. Dann tritt sie mich mit voller Wucht in den Unterleib. Ich habe Angst, dass die Operationsnähte an meinen Hoden platzen. Jetzt bin ich bestimmt endgültig kastriert. Davon stand bei Brenz nichts, aber Wasserläufer können ja auch nicht treten.

Ich sehe noch kurz, wie Valerie sich umdreht und ihr Rock von hinten grellrot aufleuchtet. Dann wird mir schwarz vor Augen.

Neue Liebe

Clara wacht auf und ist geblendet. Sie braucht eine Weile, um sich zu orientieren, zumal sie unter furchtbaren Kopfschmerzen leidet. Riesige Fenster, ein strahlend blauer Himmel, aber keine Vorhänge. Auch das Bett, in dem sie liegt, ist riesig. Es steht mitten im Raum. Offenbar handelt es sich um eine ganze Etage über den Dächern der Stadt, jedenfalls hat man einen traumhaften Blick in Richtung der Berge.

Sie stellt sich vor, dass ein alter Lastenaufzug zu diesem Penthouse oder Loft hinaufführt, so wie in dem Film »Diva«, in dem sich der Held in seine Wohnung zurückzieht, nachdem er sich verzückt eine Oper angehört hat. Der Held, das ist dieser Halbstarke mit dem Mofa, der immer vor seinem Glaszylinder meditiert, in dem träge eine Welle hin und her schwappt, ähnlich wie in diesen Lavalampen, die vor 20 Jahren mal Mode waren.

Das Zimmer ist so groß, dass neben dem Bett noch Platz ist für eine Badewanne mit verzierten Füßen auf einem Podest. Hat sie hier etwa gebadet? Hat Raffael sie gestern darin eingeschäumt? Die Wohnung scheint nur aus einem riesigen Raum zu bestehen, der wegen der großen Fenster und etlicher Spiegel noch größer wirkt. Am anderen Ende des Raumes, ganz hinten an der kaum noch zu sehenden Wand, stehen alte Maschinen, die Clara nicht einordnen kann. Was war das hier mal, eine Eisengießerei? Eine Werkstatt? Oder hat Raffael besondere Vorlieben, und das dahinten ist sein ganz spezielles Folterwerkzeug?

»Ein Korntrenner und ein Schüttelsieb – und dahinten eine uralte Werkbank«, sagt Raffael, der ihre Gedanken zu ahnen scheint. Er sitzt breitbeinig in Boxershorts, aber mit freiem Oberkörper auf einem Designerstuhl vor ihr, direkt neben dem Bett. Der Stuhl steht verkehrt herum, die Lehne hat er vor dem Bauch und zwischen den Beinen, so wie das früher die coolen Jungs in der Schule manchmal gemacht haben. »Keine 800 Meter von hier stand jahrhundertelang eine Mühle, und Luke, mein alter Freund, hat die Gerätschaften seiner Vorfahren aus Sentimentalität aufgehoben, dabei wurde die Mühle schon vor mehr als 50 Jahren abgerissen.«

»Aha.« Clara nickt verwirrt. »Haben wir, ich meine, sind wir gestern Abend zusammen? Ich wollte sagen: Was ist passiert? War was zwischen uns?«

Raffael geht auf die Frage nicht ein, sondern steht auf und dreht ihr den Rücken zu, um das Frühstückstablett zu holen, das er bereits in der Küchennische vorbereitet hat. Kaffee, Orangensaft, frische Croissants und Aspirin. Jetzt macht er wieder eine seiner notorischen Pausen.

»Was denkst du denn?«, sagt er, und es klingt eher nach einem Triumph als nach einer Frage. »Mühlen sind geheimnisvolle Orte. Manchen bringen sie Glück, anderen Verhängnis.«

»Was sollen diese Andeutungen? Ich will wissen, was los war.«

»Ich zog aus, um die Liebe zu suchen, doch ich fand nur Sex«, sagt Raffael gespielt melancholisch.

»Also haben wir zusammen geschlafen, oder? Red mal Klartext.« Claras Stimmlage geht bedrohlich in die

Höhe. So redet sie sonst eigentlich nur mit ihren Töchtern – oder wenn sie Alex' Annäherungsversuche abwehren muss.

»Du darfst den Sex nicht auf zwei oder mehr nackte Körper reduzieren. Sex findet zwischen den Ohren statt. Das ist alles reine Kopfsache. Also, wenn du wirklich wissen willst, was passiert ist, antworte ich dir: Alles, was du dir denken kannst«, sagt Raffael und lächelt. »Und wenn du dir gar nichts denken kannst, dann ist auch nichts passiert. Dahinten ist übrigens das Badezimmer.« Er zeigt auf eine Tür, die in die Wand neben den Maschinen eingelassen ist.

»Klar, Sex ist Kopfsache. Das sage ich meinen Patienten auch immer, wenn sie keinen mehr hochkriegen.« Clara steht auf. Sie ist vollkommen nackt. Nur den Armreif, den er ihr gestern geschenkt hat, trägt sie noch am Handgelenk. Sie reißt das Bettlaken an sich, bedeckt ihre Blöße. Wie peinlich, so vor Raffael entlangspazieren zu müssen, wie auf dem Laufsteg.

»Du findest alles, was du brauchst, in dem kleinen Schränkchen. Bedien dich einfach«, ruft Raffael ihr hinterher.

Clara geht an Korntrenner, Schüttelsieb und Werkbank vorbei und lässt vor der Badezimmertür demonstrativ das Laken fallen. Sie will erst mal duschen. Riecht sie vielleicht nach frischem Sex? Sie weiß es nicht. Auch das Badezimmer ist riesig, aber noch gigantischer ist die Auswahl dort. Es gibt rosa Zahnbürsten, es gibt gelbe, grüne und blaue, mit weichen, harten und mittelharten Borsten. Zahnseide steht da, gewachst und ungewachst, mit Minzgeschmack und ohne, und sogar diese flauschige Seide für die Reinigung größerer Zahnzwischenräume ist da. Was soll das alles? Ist Raffael im Drogeriegewerbe tätig, oder hat er eine Lieferung von Schlecker überfallen?

Clara öffnet das Schränkchen. Dort gibt es nicht nur Feuchtigkeitscreme, Tagescreme, Nachtcreme und Bodylotion und spezielle Pflegeserien für die Haut ab 30, sondern auch Parfums in allen Preisklassen, Duftnoten und Geschmacksrichtungen, darüber hinaus Damenrasierer, Enthaarungscremes und sogar Binden und Tampons in verschiedenen Stärken. Wie pervers ist das denn?

Sie entdeckt ein kleines Spiegelschränkchen. Wahrscheinlich hat er dort Kondome in allen Farben und Geschmacksrichtungen gelagert, mit Noppen innen oder außen. Sie soll sich ja bedienen, hat er gesagt, also macht sie es auf. In dem Schrank befinden sich Armreife. Nicht einer oder zwei, sondern schätzungsweise 20. Sie reißt den Schmuck heraus, dabei fällt die Hälfte der Ringe klingend auf den Fußboden. Es dauert, bis sich die taumelnden Ringe in ihrem Tanz auf den Fliesen beruhigt haben.

Einen nach dem anderen hebt sie auf. Jeder Reif ist mit Gravuren versehen. Auf einigen steht auf der Innenseite »Für den hellsten Stern am Firmament«. Auf mehreren anderen ist »Für meine wilde Raubkatze« eingestanzt. Schließlich findet sie auch ihr Modell. Einen identischen Reif mit der Aufschrift »Für die Eine unter Millionen«.

Clara reißt – immer noch nackt – die Tür zum Loft auf. Raffael steht am Fenster, schaut auf die Stadt.

»Du berechnender Schuft!«, schreit sie Raffael an und schmeißt ihm den Armreif vor die Füße. »So kannst du nicht mit mir umgehen, so nicht. Wen willst du damit beeindrucken?«

»Niemanden«, sagt Raffael unendlich sanft. »Ich möchte lediglich, dass sich eine Frau bei mir wohlfühlt.«

Rückbildungsgymnastik

Meine Wunden sind wieder verheilt. Es hat länger gedauert, als ich gedacht habe, aber es ist vollbracht. Die Operations- wie auch die Tretwunden. Die psychischen Verletzungen brauchen hingegen noch eine Weile, das ist ein längerer Prozess, bis die nicht mehr schmerzen. Wir liegen im Bett, es ist nach Mitternacht, ich kann aber noch nicht schlafen.

Was soll das alles? Wozu veranstalten wir dieses Theater eigentlich noch? Unsere Ehe ist nur noch ein Krampf. Sollten wir uns nicht vielleicht doch besser trennen? Lange habe ich versucht, es Clara auf jede Weise recht zu machen, habe mich erniedrigt, sie umgarnt, ihr nach dem Mund geredet, ich war ein Beischlafbettler.

Und ich habe mich sogar für sie operieren lassen. Okay, theoretisch wäre das auch für mich jetzt einfacher mit der Verhütung, aber eben nur theoretisch.

Clara ist eine wunderbare Frau, nur offenbar sind wir uns mit den Jahren weitgehend abhandengekommen. Wenn man so weit ist, wie wir es sind, wäre es vielleicht besser, sich zu trennen. Nur wegen unserer beiden Mädchen wäre es jammerschade.

Dabei war sie heute Abend sogar anders als sonst. Milder, aufmerksamer. Fast so, als hätte sie mir gegenüber ein schlechtes Gewissen. Nicht einmal Clara kann übersehen, wie ich leide. Jetzt findet sie offenbar auch nicht in den Schlaf. »Ich habe Sehnsucht nach dir«, sagt sie leise. »Ich brauche dich!«

Habe ich richtig gehört? Was ist denn mit ihr los? Das hat sie ja seit fast zehn Jahren nicht mehr zu mir gesagt. Die Trennung ist erst mal aufgeschoben.

Ich robbe zu ihr rüber und kuschele mich gleich an sie. Es ist so weit, wir werden intim, ich weiß es, zwar noch nicht sofort, aber es wird so weit kommen. Clara will es auch, ganz langsam, ganz in Ruhe, und sie sagt deshalb betörend gurrend: »Lass dir Zeit.«

Das ist auch in meinem Sinne. So ganz traue ich dem Ganzen da unten noch nicht, seit ich meine Samenstränge habe kappen lassen.

Zärtlich streicheln wir uns, küssen uns auf Hals und Schultern, sie schmiegt sich an mich, dreht ihren Oberkörper in mich hinein, jetzt ist es gleich so weit.

»Hallo«, wimmert es plötzlich. »Hallooo!«

Miriam steht in der Tür. »Ich habe schlecht geträumt«, schluchzt sie, während sie sich zu Clara unter die Decke kuschelt. Miriam ist noch im Halbschlaf. Gleich wird sie weiterschlummern oder sogar zu ihrer Zwillingsschwester Rebecca zurück ins Zimmer gehen. Vielleicht können Clara und ich uns auch wieder näher kommen, wenn Miriam hier bleibt, ganz leise. Oder darf man das nicht, wenn das eigene Kind neben einem liegt? Wird es dann traumatisiert fürs Leben, wenn es mitbekommt, wie Mama und Papa sich lieb haben?

Werden sie ähnlich traumatisiert wie jene Singlemenschen, die befreundete Pärchen in ihrer Wohnung als Übernachtungsgäste dulden, sich aber verbitten, dass dort etwas läuft? Ich habe ganz früher mal meine Freundin besucht, die in einer fernen Stadt ein Praktikum machte und währenddessen bei einer guten Bekannten wohnte. An dem Fleck auf dem Bettlaken hätten Freunde des Rorschachtests ihre Freude gehabt. Ich wusch das mit der Hand aus und bearbeitete die Stelle dann mit einem Fön, um keine verräterischen Spuren zu hinterlassen.

Bevor ich diese Erwägungen mit einem befriedigenden Ergebnis abschließen kann, fragt Miriam erstaunlich wach: »Hat Papa eigentlich auch eine Scheide?« Es muss tatsächlich ein Albtraum gewesen sein, der unsere Tochter gerade heimgesucht hat.

»Nein, das weißt du doch, mein Schatz«, sagt Clara beruhigend. »Papa hat ein Schwänzchen.«

Sie sagt tatsächlich Schwänzchen. Mehr Erniedrigung ist kaum möglich. Aber selbst was die Kernthese ihrer Behauptung angeht, bin ich mir inzwischen nicht mehr so ganz sicher. In den letzten Wochen und Monaten bin ich mir weitgehend geschlechtslos vorgekommen, nicht nur wegen der Operation. Zur Bestätigung verkriecht sich mein Schwänzchen sofort wieder und geht bald darauf schlafen. Kindern kann man nicht böse sein, auch wenn sie als fleischgewordenes Verhütungsmittel auftauchen und nicht nur die Fortpflanzung, sondern auch jeden Sex verhindern.

Miriam kuschelt sich zwischen uns, und nachdem sie mit tiefen Seufzern eingenickt ist, tritt sie mich im Schlaf mehrmals kräftig in den Unterleib. Es ist nun endgültig kein Gefühl von Lust mehr da, dafür ehrlich empfundener Schmerz am Schwänzchen.

Während ich am nächsten Morgen durch die Stadt zum Institut laufe, kommt die Ungewissheit wieder. Nein, nicht wegen Miriams Fragen. Seit einigen Wochen habe ich nun schon den Eindruck, dass mein Penis immer kleiner wird. Es ist wie eine fortschreitende Krankheit. Er ist nur noch sehr selten in Gebrauch und verkümmert deshalb langsam, aber stetig. Es ist erschreckend. Man muss ihn ja nicht gießen oder gelegentlich düngen wie eine Topfpflanze, aber eingehen kann er vermutlich trotzdem. Da redet nur niemand drüber, und die Ärzte verschweigen dieses häufige Problem wahrscheinlich auch, um ihre Patienten nicht zu beunruhigen. Ein medizinisches Tabu.

Beim Mandrill ist die Größe der Hoden direkt davon abhängig, wie oft er sich mit einem Weibchen paart. Das Alphatier hat die größten, und auch sein Testosteronspiegel steigt an, wenn er die Gruppe anführt. Das ist naheliegend, denn nur das dominante Affentier pflanzt sich fort. Verliert er seinen Status als Anführer, schrumpfen seine Eier wieder, und sein zuvor prächtig gefärbtes Gesicht wie auch sein Gesäß verblassen.

Man kann zwar nicht alle Verhaltensweisen von Tieren auf Menschen übertragen, aber der Mandrill gehört nun mal wie der Mensch zur Unterordnung der Trockennasenaffen; es finden sich erstaunlich viele Gemeinsamkeiten. Außerdem gibt es auch bei Menschen beängstigende Befunde, die meine Befürchtungen bestätigen könnten. Ich habe kürzlich ein paar Artikel über die Plastizität der menschlichen Organe gelesen, und diese Theorie überzeugt mich sehr. In Kürze besagt sie ungefähr: Braucht man ein Organ häufig und ausdauernd, wird es immer größer, differenzierter und geschickter. So die Theorie – und auch die Praxis: Das kennt schließlich jeder, der seine Muskeln trainiert und damit vergrößert, aufpumpt und genauer definiert. Braucht man sie hingegen seltener, schrumpfen sie, werden schlaff und verlieren irgendwann ganz ihre Funktion und Tüchtigkeit.

Eigentlich bezieht sich die Theorie der Plastizität in erster Linie auf das Gehirn. Das wird zwar nicht größer und dicker, aber dennoch verändert das Denkorgan die Menge, Größe, Verzweigung und sogar die Qualität seiner Nervenbahnen abhängig davon, wie oft sie gebraucht werden. Das kennt man von seinen Mitmenschen. Wer viel Musik hört, entwickelt bald ein viel feineres Hörzentrum und kann auch nahe liegende Töne besser auseinanderhalten und komplexe Melodien erkennen. Wer ständig Angst hat, verstärkt auf diese Weise seine Angst. Wer sich nichts dabei denkt, denkt irgendwann gar nichts mehr.

Mein Penis wird von meiner Frau nicht mehr gebraucht. Er schrumpft, weil er inzwischen weitgehend überflüssig ist. Ich benutze ihn nur noch zum Pieseln, deshalb verschwindet er zwar noch nicht ganz, aber er bildet sich dramatisch zurück. Eine ebenso traurige wie logische Entwicklung. Und eine furchtbare Vorstellung, wenn man sie zu Ende denkt. Die Natur kann so grausam sein.

Der Penis ist ja auch so etwas wie ein Muskel, der nun nicht mehr trainiert wird. Ich muss aufpassen, dass ich mir keine Zerrung hole, wenn er irgendwann doch mal wieder in Gebrauch kommen sollte. Muss man den eigentlich auch runtertrainieren, so wie das Spitzensportler angeblich für ihr Herz machen sollen, wenn sie ihre Karriere beenden und nicht mehr täglich trainieren? Oder gibt es eine Art Rückbildungsgymnastik wie für Frauen, die geboren haben und ihren Beckenboden wieder in Form bringen wollen?

Womöglich sollte ich mir doch bald diese Gewichte kaufen. Ich habe das kürzlich im Fachaufsatz eines Kollegen gelesen. Interessanter Ansatz. Irgendwo im Urwald Indonesiens, hinter den Kopfgeldjägern links, lebt ein Eingeborenenstamm, der von einer besonderen Sorge erfüllt ist. Die Männer des Stammes haben panische Angst davor, dass sich ihr Penis und ihre Hoden in ihren Körper zurückziehen könnten.

Koro nennt sich das beunruhigende Leiden. Ich habe nicht ganz verstanden, ob die Ureinwohner befürchten, dass sich Penis und Hoden einfach nach innen stülpen könnten, oder ob sie – ähnlich wie ich – vermuten, dass ihre Unterleibsorgane mit der Zeit immer kleiner werden und irgendwann ganz verschwinden. Um dem Malheur vorzubeugen, befestigen sie jedenfalls allerlei Gewichte an ihren Genitalien, was den Umgang mit dem anderen Geschlecht etwas beschwerlich macht. Eine gewisse Leichtigkeit ist dann dahin. Manche benutzen auch Metallringe oder Klammern. Allein bei diesem Gedanken ziehen sich meine Unterleibanhangsgebilde noch weiter zusammen.

In dem Fachaufsatz sind einige unscharfe Abbildungen von den Gerätschaften zu sehen, mit denen die besorgten Männer Südostasiens versuchen, ihr Gemächt an Ort und Stelle zu verankern. Aber wo sollte man solches Material hierzulande finden?

In diesem Moment gehe ich am Schaufenster eines Geschäfts vorbei. Ruten, wohin das Auge blickt. Und ganz viel Gummi für die Beine und den Rumpf, besonders in Form von hüfthohen Stiefeln. Es gibt auch Stiefel, die sich bis zu den Achseln hochziehen lassen. Breit, eng anliegend, in Schwarz, aber auch in Grün. Seltsam verhuscht aussehende Männer stehen in dem Laden herum. Ich bin nicht vor einem Erotikshop gelandet, sondern vor einem Fachgeschäft für Anglerbedarf. Drinnen finden sich Rollen, Kescher, Blinker, Würmer und Lebendköder aller Art. Dort hinten in der Ecke gibt es auch ein riesiges Sortiment unterschiedlich großer, schwerer und teils bizarr gestalteter Bleigewichte. Beim Angeln dienen sie dazu, der Schnur mit dem Köder den nötigen Tiefgang zu verleihen. Eigentlich sind manche ganz schön geformt.

Ein wenig von der besonders dünnen Angelschnur nehme ich vorsichtshalber mit, dazu auch unterschiedlich schwere Gewichte, man kann ja nie wissen. Später zu Hause schaue ich immer mal wieder prüfend an mir hinab. Noch geht es. Ich habe das Material aus dem Anglerfachgeschäft sorgfältig in meinem Arbeitszimmer versteckt. Vorläufig benutze ich die Bleigewichte allerdings nur als Briefbeschwerer.

Auf Montage

Clara sitzt zu Hause auf dem Sofa, allein. Die Kinder sind in der musikalischen Früherziehung, anschließend werden sie von einer Freundin vorbeigebracht. Alex musste früh ins Institut. Clara ist stinkwütend auf Raffael, diesen Mistkerl. Dabei hatte er sie nicht angelogen, ihr nie etwas vorgemacht, sie nicht getäuscht – aber enttäuscht ist sie trotzdem.

Was hatte Raffael ihr im Dolce Vita alles erzählt. Ihr vorgeschwärmt vom September in Südfrankreich. Er kenne da eine Kirchenruine direkt am Strand, ein verlassenes erhabenes Gemäuer, von dem nur die Einheimischen wissen, weil es auf einer Landzunge liegt und die Straße in einer Sackgasse endet. Im Spätsommer sei das Licht dort besonders zauberhaft, es verleihe den verwitterten Sandsteinmauern der Kirche einen bezaubernd warmen Glanz. Und so wie er sie bei seiner Schwärmerei angesehen hatte, stellte sie sich vor, dass sie einfach spontan gleich am nächsten Morgen nach Montpellier oder Marseille fliegen und dann mit dem Cabrio an den verzauberten Ort fahren würden. »Wir könnten am Strand übernachten, wenn es noch warm genug ist«, hatte er gescherzt. Und er wollte ihr die Liebesgeschichte von Maguelone erzählen, die sich um die Kirche und einen besonderen Ring rankt, aber sie winkte nur lachend ab.

»Keine Chance, ich bin morgen eingeteilt für die ED-Sprechstunde, das kann ich nicht verschieben.«

»ED, was ist das denn Unanständiges?«

»ED steht für erektile Dysfunktion, das ist der medizinische Fachbegriff für Potenzstörungen.«

Raffael hat sich die längs gerollte Serviette vom Restauranttisch genommen und in seine Hose gesteckt, so dass sich sein Schritt grotesk ausbeulte. Clara musste lachen. Dann hat sie versucht, ernst auszusehen, und gesagt: »Darüber macht man keine Witze!«

»Das ist kein Witz, das ist die harte Wahrheit«, hat er geantwortet und die Serviette wieder auf den Tisch gelegt – und bei Toni als Zwischengang ein paar Stangen Spargel bestellt.

Dieser Schuft! Kann ebenso direkt wie galant und verführerisch sein, und dann hat er eine Hygieneausstattung in seinem Badezimmer wie in einem Bordell. Und sogar den Schmuck bestellt er offenbar mit Mengenrabatt, wahrscheinlich war der im Seminarpreis inbegriffen.

Das Telefon klingelt. Bestimmt ist er das, denkt Clara, bestimmt will Raffael sich entschuldigen und sie um Verzeihung bitten. Bestimmt tut es ihm furchtbar leid. Doch sie wird sich standhaft zeigen und ihn kalt abweisen. Sie hat schließlich auch ihren Stolz.

»Hi, ich bin's, Dorothee!«

Clara flucht innerlich. Diese Frau sollte von allen Kommunikationsmitteln dauerhaft getrennt, aus dem

Netz geworfen und bei allen Telefon- und Internetanbietern gesperrt werden.

»Jaaah, was gibt es denn«, sagt Clara genervt.

»Ich will nicht lange stören, aber es gibt schon wieder eine Absage.«

»Soso«, Clara interessiert sich gerade für nichts weniger als für die Fluktuationen auf ihrer Gästeliste.

»Jochen kommt nicht, wieder ein Mann weniger. Ich habe gleich gesagt, dass ihr euch etwas einfallen lassen müsst. Seine Firma hat überraschend einen Großauftrag in China bekommen, ein Wasserkraftwerk, glaube ich, und er muss für mindestens drei Monate hin. Auf Montage.«

»Ich muss auch auf Montage«, sagt Clara. »Aber das Werkzeug, das ich dafür brauche, ist noch nicht erfunden worden.«

Ihr Blick fällt auf den Nussknacker im Regal.

Dorothee will nachfragen, welchen auswärtigen urologischen Großauftrag Clara erwartet, soll sie etwa die Erektionsstörungen eines Scheichs behandeln? Doch Clara legt einfach auf.

Clara läuft in der Wohnung auf und ab. So vieles muss sie in ihrem Leben geradebiegen. Diese blöde Geschichte mit Raffael muss sie klären und sich vor allem endlich darüber klar werden, was sie von ihrer Ehe mit Alex überhaupt noch erwartet. Doch dazu müsste sie erst mal wissen, was sie will.

Ein Hauch von Liebe

Wir sind auf dem Weg zu ihr. Es ist ein wundervoller Abend, der beiläufig angefangen hat, so wie es sich gehört für wundervolle Abende. Nach dem Abendessen haben wir erst unschlüssig herumgetändelt. Ich zahlte, dann standen wir eine Weile vor der Tür des Restaurants. Wir sind anschließend ziellos durch die Stadt geschlendert. Ich achtete dabei so wenig auf den Weg, dass ich mich nicht gewundert hätte, wenn wir am selben Punkt wieder angekommen wären. In der Wüste oder in der Antarktis geht man ja angeblich ohne Orientierung auch immer im Kreis herum, weil ein Bein stärker ist als das andere und man daher unbewusst eine Kurve einschlägt.

Plötzlich stehen wir vor ihrer Tür.

Bisher haben wir uns noch nicht umarmt, nicht mal Händchen gehalten. Ab und zu beim Gehen, Stehen und Herumalbern berühren wir uns scheinbar zufällig, sodass es kribbelt. Jetzt kann mehr daraus werden.

Sie drückt die Haustür auf, wir gehen die Treppe hoch zu ihrer Wohnung. »Ziehst du die Schuhe aus«, ruft sie, nachdem sie die Tür aufgeschlossen, ihren Schlüssel in einem unfassbar hässlichen Tongefäß abgelegt und ihre Schuhe abgestreift hat. Es klingt auffordernd und verrucht zugleich, und ich schmelze bereits dahin, auch wenn ich mich frage, ob ich einer Frau näherkommen kann, die solche verunstalteten Tonnäpfe im Eingangsbereich ihrer Wohnung aufstellt.

Den ganzen Abend lang habe ich nicht eine Sekunde daran denken müssen, aber jetzt durchfährt es mich wie ein elektrischer Stromschlag. Ich habe Angst davor zu schwitzen. Schweiß, mehr noch Schweißgeruch, ist kein männlich-triebhafter Ausfluss erotischer Sinnlichkeit für mich, sondern ein Lustkiller. Ich muss an einen Kollegen denken, der immer wieder darüber klagt, dass er völlig unsymmetrisch unter den Armen schwitzt. Unter dem rechten ganz stark, sodass sich schnell ein riesiger Schweißfleck unter seiner Achsel bildet, unter dem linken kaum. Oder war es andersherum? Jedenfalls versucht er einen Arm stärker vom Oberkörper wegzuhalten beim Essen, was ziemlich bescheuert aussieht und ein entspanntes Essen mit ihm fast unmöglich macht.

Gegessen haben wir zwar schon, das ist also nicht das Problem. Auf ihr »Ziehst du die Schuhe aus?« habe ich aber immer noch nicht geantwortet. Ich habe Angst vor dem Schweißgeruch an meinen Füßen, während sie vermutlich schon ihre Gewänder ablegt und mich in ihr Liebesnest locken will. Höre ich da nicht schon diese gurrenden Laute? Ist sie das, oder hat sie einen Nymphensittich? Ich stelle mir vor, wie wir uns gleich innig umschlungen halten werden, sie dann aber plötzlich von mir ablässt, ein wenig herumschnüffelt und mit ekelverzerrtem Gesicht fragt: Was riecht denn hier so komisch?

Es gab mal eine Fernsehwerbung, in der ein unverschämt gut aussehender Mann zu Bekannten eingeladen wird. Alle haben gute Laune, doch dann soll er die Schuhe ausziehen. Offenbar fällt ihm erst in diesem Moment wieder ein, dass er Schweißfüße hat wie nix Gutes. In der Werbung steigen aus seinen Schuhen wabernde Schweißschwaden wie aus Aladins Wunderlampe der Geist. Ich weiß nicht mehr, wie der Spot für die Schweiß absorbierenden Einlagen genau ausgeht. Wahrscheinlich wird der Mann mit Peitschenhieben davongejagt oder mit Deorollern beworfen, aber ich fürchte mich vor einem ähnlichen Schicksal. Andererseits ist es jetzt zu spät für die geruchshemmenden Einlagen.

Ich stehe noch immer unschlüssig im Flur der Dame herum, fasse mir aber schließlich ein Herz und ziehe nun doch ganz, ganz vorsichtig die Schuhe aus, um so wenige Duftwolken wie möglich aufzuwirbeln. In diesem Moment möchte ich ein Eisbär sein. Eisbären sind durch ihr Fell und ihre Fettschicht so gut isoliert, dass sie keinerlei Wärme abgeben. Kein bisschen. Nicht mal mit Thermo-Infrarotkameras, die jeden Temperaturunterschied registrieren, kann man sie auf dem Eis entdecken.

In Strümpfen schleiche ich in ihr Wohnzimmer. Riecht es hier nicht ein bisschen komisch? Sie hat es sich gemütlich gemacht, wie man in alten Filmen dazu gesagt hätte. Ich bin angespannt und setze mich ziemlich weit von ihr entfernt auf die andere Seite des apricotfarbenen Sofas.

Sie versucht mein überraschendes Fremdeln zu überspielen und fängt an zu füßeln. Ausgerechnet. Mit ihren Zehen fährt sie an der Innenseite meines Hosenbeins entlang. Krampfhaft versuche ich die Fußsohlen auf dem Boden zu halten. Ich merke, dass ich am ganzen Körper schwitze und zittere. Wenn ich noch ein paar Minuten länger so verstockt dasitze, passiert an diesem Abend nichts mehr.

Da fällt mir ein, dass es ja durchaus auch Werbung gibt, in der der Schweiß angemessen gewürdigt wird.

Etwa die mit diesem wahnsinnig gut aussehenden muskulösen Typen, einer Art Kurier. Es ist heiß, er hat sich angestrengt, und er bringt diesen Business-Ladys in ihren Business-Kostümen eine Palette Cola. Er läuft im T-Shirt rum und schwitzt, und das sieht man ihm auch an. Sein Gesicht und seine wohldefinierten Arme sind schweißgebadet, bedeckt mit kleinen Tropfen. Trotzdem sieht er die Frauen mit diesem George-Clooney-Blick an, als ob er wüsste, dass sie mit ihm, wie er da so transpirierend mit seinem Bauarbeiteroberkörper vor ihnen steht, auch auf den Wiener Opernball gehen würden. Er will aber im Moment gar nicht auf den Wiener Opernball, sondern nur eine Cola-Brause trinken. Weil er so heiß ist und es so heiß ist, beschlägt die kalte Limodose sofort, als er daraus trinkt.

Kaum ist er weg, denn Fahrradkuriere haben ja nicht ewig Zeit, sondern werden nach der Zahl ihrer erledigten Aufträge bezahlt, stürzen sich die Business-Frauen auf die leere Getränkedose, um noch eine Spur von dem maskulinen Schweiß zu erhaschen. Wie Ziegen den Salzstein lecken sie die Dose mit den Resten seiner Transpirationsprodukte ab, um auf diese Weise noch einen Hauch von echtem Kerl zu erwischen.

»Was ist?«, säuselt sie, und ich bin kurzzeitig in meinen Bemühungen gestört, mich mittels autogenen Trainings mental in den umwerfenden Cola-Mann zu verwandeln, und zwar kurz bevor er die Dose öffnet.

»Es gibt die Ausdrücker und die Naturtrüben«, sage ich möglichst cool und versuche mich auf dem Sofa maskulin entspannt hinzufläzen. Ich mache die Beine breit.

»Was meinst du damit?«, fragt sie, und sie haucht es dahin, als ob ich eine Anspielung gemacht hätte, die an knisternder Erotik nicht zu überbieten ist.

»Pickel. Ich rede von Pickeln. Von Eiterpickeln«, sage ich. Kunstpause. Pause, Pause. Sie geht nicht darauf ein. »In der Schule gab es doch immer zwei Gruppen. Die einen haben ihre Pickel sofort ausgedrückt, sobald sie etwas sprießen gesehen haben. Die anderen haben sie wachsen lassen, weil sie das für natürlicher hielten.«

Ich fühle mich mit diesem Gesprächsangebot auf sicherem Boden, denn meine Haut ist derzeit makellos, und selbst damals in der Pubertät hatte ich kaum unter Pickeln zu leiden. Zugegeben, es gibt auch andere Themen, mit denen man die knisternde Stimmung zwischen Mann und Frau weiter hätte befeuern können. Immerhin schwitze ich jetzt schon deutlich weniger. Sie setzt sich aufrechter hin. Sie kann das Gespräch unmöglich auf mich und etwaige Hautunreinheiten meinerseits beziehen. Und sie sieht auch jetzt, im Schein ihrer ziemlich grellen Artemide-Lampe, nicht so aus, als ob sie jemals Clearasil hätte benutzen müssen. Insofern ist das eigentlich eine unverfängliche Konversation.

»Auch wenn es damals nicht so schön aussah – ich hatte eine gewisse Sympathie für diejenigen, die ihre Pickel nicht sofort ausgedrückt haben, sondern sie wachsen ließen«, sage ich. Allerdings musste ich auch an Wilfried denken, der sogar die Eiterpickel auf seiner Nase blühen und gedeihen ließ, was manchmal schon etwas ablenkte, wenn man mit ihm sprach und ihn dabei ansah. Jetzt muss ich möglichst zwanglos zum eigentlichen Thema kommen. »Mit Schweiß ist das ähnlich. Das ist ja etwas ganz Natürliches; ein Kühlmittel für die Hitze des Augenblicks.«

Ich will meine Überlegungen weiter ausführen, ganz beiläufig. Mir ist schließlich nicht verborgen geblieben, dass die Distanz zwischen uns wieder etwas größer geworden ist, seit wir auf ihrem apricotfarbenen Sofa sitzen und ich das Gespräch wieder aufgenommen habe.

»Schweiß gilt als ein besonders betörendes Parfum, er ist ein Sexuallockstoff«, sage ich und versuche, dabei besonders verwegen und verführerisch zu klingen. Ich will gerade erklären, dass es auch aus medizinischer Sicht gut ist, wenn man sich gegenseitig riechen kann. Das spricht schließlich dafür, dass die Immunsysteme der Partner ziemlich unterschiedlich sind und sich optimal ergänzen für den Nachwuchs. Das heißt, das Abwehrsystem der gemeinsamen Kinder ist dann gegen ziemlich viele Erreger gewappnet. Wer sich nicht riechen kann, ist sich hingegen zu ähnlich, und die Kinder kommen dann nicht so gut mit Infektionen klar.

Zu Studienzeiten habe ich mal mit Angela, mit der ich damals zusammen war, und der schüchternen Iris in Schweden eine Radtour gemacht. Wir hatten Zelte dabei, kaum geduscht und stark gerochen, dazu die vielen Insektenstiche und nachts zärtliche Handgreiflichkeiten im Zelt – und die arme Iris musste alles mit anhören. Das ist wahrscheinlich die Erklärung für die vielen Insekten in Skandinavien. Von den Ausdünstungen liebesbrünstiger Touristen, die unter Zeltplanen handgreiflich sind, werden sie angezogen. Aber all das ist gut für das Immunsystem, krank sind wir jedenfalls nicht geworden.

»Übrigens wird Moschusduft aus Schweißdrüsen gewonnen, die bei den Moschusochsen nahe am After sitzen«, sage ich und rutsche etwas zu ihr hinüber. »Und so was schmieren sich die Menschen in Europa an den Hals und hinter die Ohren.«

Ich will mit dem Seidentuch, das sie gerade abgelegt hat, meine Ausführungen unterstreichen, gewissermaßen theatralisch untermalen. Auf bayerischen Volksfesten war es bis ins 20. Jahrhundert hinein Brauch, dass die Einheimischen sich beim Tanzen und Schuhplatteln ein überdimensionales Taschentuch unter der schweißnassen Achsel durchzogen und dieses Schweißtuch dann interessierten möglichen Partnerinnen unter die Nase hielten. Auch will ich von einigen Eingeborenenstämmen aus Afrika berichten, die sich unter den Achseln und sogar an der Scham beschnuppern, bevor sie sich aufeinander einlassen. All das will ich, doch so weit komme ich nicht.

Ich habe bei dem Versuch, das Seidentuch in möglichst hohem Bogen durch den Raum zu wirbeln und so zu tun, als ob es mit einem betörenden, umwerfenden Sexuallockstoff getränkt sei, ihre riesige gläserne Bodenvase umgeworfen, in der drei nackte Bambusrohre stehen, die Iris Radisch womöglich als Phallussymbol entlarvt hätte. Die Vase ist zwar aus dickem Glas, doch dem Sturz hält sie trotzdem nicht stand. Auf Bodenvasen bin ich nicht eingestellt. Wer Kinder hat, besitzt keine Bodenvasen.

Beim Versuch, die Scherben aufzulesen, schneide ich mich in den Finger, was umgehend nach einer jodhaltigen Tinktur zur Desinfektion verlangt. Zur Not hätte es auch ein Jodquellenbad getan, aber ich bezweifele, dass die Wellnesslandschaft in ihrem Badezimmer so etwas bereithält, auch wenn sie mir vorhin beim Essen von verschiedenen Funktionen wie Raindance, Bürstenmassage und Geysirsprudel vorgeschwärmt hat, die sie sogar mit einer Fernbedienung in Gang setzen kann. Ich gerate wieder mehr ins Schwitzen, als ich daran denke, dass sich die Wunde entzünden könnte.

Man kann es sich wahrscheinlich schwer vorstellen, aber von diesem Moment an ist der Zauber zwischen uns irgendwie verflogen. Sie erkaltet innerlich, das spüre ich, und sie sagt, dass es wohl besser wäre, wenn ich jetzt gehen würde. Ich sage, lass uns Freunde bleiben, imitiere mit meinem Taschentuch einen Druckverband auf dem verwundeten Finger und habe plötzlich das dringende Bedürfnis nach einer wortlosen Verständigung, die es nur unter Männern gibt. Nur die Zuneigung zwischen Männern ist ohne jegliche Ansprüche und Erwartungen. Ja, man kann es vielleicht sogar eine Sehnsucht nach einer Gemeinschaft schwitzender Männer nennen, die ich verspüre. Das ist jetzt nicht homoerotisch gemeint.

Ich habe mir aus der Zeit der Paartherapie mit Clara eingeprägt, dass ich stärker an mich denken soll. Zu Hause gönne ich mir daher etwas und nasche ein paar Luxemburgerli, die ich aus der Schweiz mitgebracht habe und die sehr teuer sind. Dazu mache ich mir Nudeln mit Fertigsoße, die ich aus der Schüssel esse. Erinnerungen steigen auf an die Zeit, als ich mit einem Freund nach einer Radtour zu Hause noch ein bisschen nachschwitzen konnte, ohne dass wir in Sorge waren, mit unseren Ausdünstungen jemanden – das heißt: eine Frau – zu stören. Dazu haben wir in Ruhe eine Dose Ravioli aufgemacht, in die ich Wiener Würstchen schnitt. Köstlich schmeckte uns das. Damals beschloss ich, dass Männer, die riechen und schwitzen und die einfache unverdorbene Kost zu schätzen wissen, mir Vertrauen einflößen.

Das ging nicht nur mir so. Eine Mitbewohnerin meiner WG musste immer an ihre Kindheit denken, wenn einer der Studenten bei uns nach dem Frühstück ausgiebig das Klo aufsuchte. Dieses Ritual und der Geruch haben sie besonders an ihren Vater erinnert, und wenn sie davon sprach, bekam sie einen melancholischen Blick. Heimat ist da, wo es vertraut und naturverbunden riecht. Außer natürlich nach Schweißfüßen.

Letzte Korrekturen

Dorothee klingt so ernst, als sie das nächste Mal anruft. Das kennt Clara gar nicht von ihr. Bekommt sie jetzt etwa doch kalte Füße, da das Fest unmittelbar vor der Tür steht? Nur noch vier Wochen. Oder wird sie endlich erwachsen und hört auf mit diesem Gejammer, immer noch nicht den richtigen Kerl gefunden zu haben?

»Ihr müsst euch das mit dem Fest ganz grundsätzlich überlegen«, sagt Dorothee.

»Was stört dich denn diesmal? Die Tischkarten, das Essen, sind unanständige Vorführungen geplant, oder willst du wieder über die Männer-Frauen-Quote mit mir reden?«

»Nichts von alledem, es ist grundsätzlicher.«

Pause, Pause, Pause. Dorothee bleibt den Ritualen ihrer Gesprächsführung treu. Clara allerdings auch, sie wartet, bis Dorothee von allein weiterredet.

»Ihr solltet das Fest ganz absagen.«

»Das ist ja mal eine originelle Variante«, sagt Clara, die diesmal ehrlich überrascht ist. »Wird dir die Planerei zu viel?«

»Nein, das ist es nicht.«

»Das könnte ich allerdings verstehen. Du hast dir schon viel Arbeit gemacht, und so gründlich, wie du dich da hineinkniest, muss es fast wie ein Halbtagsjob für dich gewesen sein. Aber hör mal, Dorothee. Du musst das nicht machen. Wir sind dir total dankbar, aber keiner von uns ist dir böse, wenn du jetzt aufhörst. Wir bekommen das Fest auch so hin. Und du kannst dich dann umso mehr darauf freuen, wenn du nur als Gast kommst und dich nicht auch noch für alles verantwortlich fühlen musst.«

»Das ist es nicht. Ich will nicht kommen!«

»Wie bitte, was soll das denn? Haben wir dir etwas getan?«

»Nein, es hat nichts mit euch zu tun. Wirklich nicht.«

»Was ist es dann, sag schon!«

»Ich habe mich verliebt.«

»Na endlich, wie goldig, das ist doch prima. Gratuliere. Aber wo ist das Problem? Bring ihn doch einfach mit.«

»Nein, das geht nicht. Wir stehen nicht auf solche Feste.«

»Auf solche Feste? Was soll das denn heißen? Und warum überhaupt ›wir‹? Wer ist dieser Kerl, der dir unser Fest madigmachen will?«

»Shayesch ist ein ehemaliger Sanyasi. Er nennt sich zwar noch so, aber er hängt den Lehren Bhagwans längst nicht mehr an. Er ist bei einer höheren Bewusstseinsstufe angelangt.«

»Verstehe, und die erlaubt ihm nicht, dich zum zehnten Hochzeitstag deiner ältesten Freunde zu lassen. Ich hoffe, dass ich diesen Grad der Bewusstlosigkeit nie erreichen werde.«

»Nun nimm's doch nicht gleich persönlich. Er hat nichts gegen euch und ich ja erst recht nicht, wie du weißt.«

»Nein, natürlich nicht. Wie sollte man einen solchen Boykott auch persönlich nehmen, das wäre ja völlig abwegig.«

»Es geht um die Art des Festes. Habt ihr nie überlegt, auch mal auszubrechen aus den Plänen für eure konventionelle Feier und etwas anderes zu versuchen?«

»Du meinst mit Schnitzeljagd, so wie bei den Kindergeburtstagen von Miriam und Rebecca?«

»Ironie ist die Sprache der Unterdrückten, Clara. Das hast du doch nicht nötig. Es geht einzig darum, ein Fest zu feiern, bei dem man sich näher kommt und sein Bewusstsein erweitert.«

»Sag doch gleich, dass er bei uns sein Haschpfeifchen rauchen will. Kann er machen, kein Problem.«

»Vergiss es, du willst es nicht verstehen. Wir werden jedenfalls nach Sri Lanka aufbrechen und dort in einem Camp auf die nächste Stufe des Seins hinarbeiten. Viel Spaß euch trotzdem bei dem Fest.«

Reibungsverluste

Es gibt diese Momente, in denen ich das Gefühl habe, dass etwas nur für mich geschieht. Ich bin der Hauptdarsteller in einem Stück, so ähnlich wie Jim Carrey in dem Film »Truman-Show«. Mein ganzes Leben ist die Folie für einen Film – aber woher wissen die das alles über mich? Und wer sind die?

Ich habe kürzlich von einer Studie gelesen, in der Menschen mit Midlife-Crisis weltweit miteinander verglichen wurden. Zigtausende Menschen in Dutzenden von Ländern am Tiefpunkt ihres Lebens. Wie deprimierend. Demnach schlug die Midlife-Crisis im Durchschnitt mit 42,9 Jahren zu. Ich muss nur kurz die Dezimalzahl auf zwölf Monate umrechnen, um zu erkennen: Bingo, bald ist es so weit. In ziemlich genau drei Jahren wird das exakt mein Alter sein, und mir geht es schon jetzt so was von mittelprächtig.

Ich kann mich kaum noch an die Zeiten erinnern, als es einfach so klappte. Das muss schon Jahrzehnte her sein. Wir waren abends müde und gingen ins Bett, und dann fanden wir ohne großes Galama zueinander. Manchmal habe ich das Gefühl, das spielte sich alles in einer früheren Beziehung ab. Dabei ist es zweifellos dieselbe Frau, nämlich Clara, und es ist derselbe Mann, nämlich ich, die jetzt nicht mehr zueinanderfinden. Noch länger her ist es, dass meine persönliche Männerfantasie das letzte Mal in Erfüllung gegangen ist. Und die geht so: Sie oder ich werden nachts unverhofft wach, kuscheln uns aneinander, umarmen uns, und im Halbschlaf finden wir dann zueinander. Das gab es mal zwischen uns, ehrlich, aber das muss kurz nach dem Krieg gewesen sein.

Ich habe auch gehört, dass es Männer geben soll, die manchmal keine Lust auf Sex haben. Sie will, er aber nicht. Das kann ich mir gar nicht vorstellen, Midlife-Crisis hin oder her. Das ist bestimmt eine dieser modernen Legenden, aber diesmal von Frauen in die Welt gesetzt. Andererseits sind diese Legenden von wollüstigen Frauen, die zu Hause nur darauf warten, dass der Briefträger klingelt und sie aus ihrer Monotonie reißt, natürlich alle Männerfantasien entsprungen. Es soll ja Männer geben, die angeblich abends zu müde, zu angespannt oder zu gestresst von ihrem anstrengenden Tag sind, um noch Sex mit ihrer Partnerin haben zu wollen.

So gestresst kann ich vermutlich überhaupt nicht sein. Nur beim Nacktschlafen vergeht mir die Lust. Das mag ich gar nicht. Und Clara würde es bestimmt für zu aufdringlich halten. Mich selbst würde es auch viel zu nervös machen, wenn sie da völlig nackt neben mir liegt. Außerdem komme ich mir dabei, nun ja, nackt vor. Ich hab's ein paar Mal versucht, bin auch eingeschlafen irgendwann mitten in der Nacht, aber wieder aufgewacht, weil ich gefroren habe. Besonders obenrum. Nein, angezogen zu schlafen ist geheimnisvoller, subtiler. Man will ja auch noch was zum Auspacken haben.

Ich bin mittlerweile auch sprachlich etwas fixiert: Sobald im Radio das Wort Nachtfahrverbot fällt, verstehe ich nur Nacktfahrverbot. Ist wohl eine kleine Obsession. Nacktfahrverbot. Was ich hingegen gar nicht verstehen kann, ist dieses Gewese um die Bodyscanner auf Flughäfen oder andere radiologische Tätigkeiten. Das hat doch nichts von Erotik, die Oberkörper von Frauen zu durchleuchten. Vor hundert Jahren war das vielleicht noch anders. Wie aufgeregt sie ist, die Madame Chauchat in Thomas Manns »Zauberberg«, als sie ihre Röntgenaufnahme in Händen hält. Und um wie viel aufgeregter ist Hans Castorp, als er diese intime Aufnahme anschauen kann und das Gefühl hat, sie nackt zu sehen.

Mittlerweile kommt auch eine gewisse Scheu des Alters vor zu viel Nacktheit hinzu. Ich bin zwar erst Ende 30, doch der leichte Isoliergürtel aus Unterhautbindegewebe, der sich mittlerweile schützend um meinen Körper gelegt hat, hat mich etwas genant gemacht. Genauso wenig will ich, dass Frauen die Krampfadern sehen können, die sich an der Innenseite meines linken Knöchels gebildet und zu einem bedrohlich engmaschigen Netz verwoben haben.

Komischerweise gibt es sie nur links am Knöchel, rechts ist nichts. Bei Wilhelm Genazino findet sich im Buch »Die Liebesblödigkeit« diese Szene, in der er mit einer Frau schläft, er nimmt sie von hinten, beide knien, und dabei betrachtet er zwischendurch die sich leicht kräuselnden Adern in ihrer Kniekehle. Ich würde nicht wollen, dass eine Frau mich so genau unter die Lupe nimmt. Wenn sie ein bisschen Orangenhaut hat, stört mich das auch nicht.

Meine Haut ist besonders empfindlich, weshalb ich sie nicht gern entblöße. Ich habe offenbar eine Neigung zu Ekzemen, und es ist ziemlich irritierend, wo sich die wunden, geröteten und manchmal schuppenden Stellen überall bilden. Immer wieder bekomme ich zum Beispiel Ekzeme an der Stelle, an der mein Ehering sitzt. Das ist zwar seltsam, aber ich kann es mir mit allergischen Reaktionen auf das Edelmetall erklären. Dann entdecke ich allerdings gelegentlich auch rötliche Verfärbungen in tieferen Regionen, obwohl ich dort nicht gepierct bin. Das ist nicht weiter gefährlich, aber ich frage mich schon, ob es an unbewussten Reibungen in der Nacht oder doch eher an psychischen Reibungen mit meiner Frau liegt.

Jetzt habe ich aber gerade keine Ekzeme, und alles ist gut. Ich sitze im Café und blättere in einer Illustrierten. Eine junge Frau setzt sich zu mir, und heute habe ich Lust auf ein kleines Spiel. Ich hatte schon als Kind die Fähigkeit, meine Finger erstaunlich weit zurückbiegen zu können. Eine Weile befürchtete ich, am Marfan-Syndrom zu leiden, einer Erbkrankheit, die nicht nur mit einer besonderen Gelenkigkeit der Arme und Beine einhergeht, sondern auch mit einer Schwäche der Hauptschlagader. Jetzt benutze ich die Biegsamkeit meiner Finger, um meinen Ehering möglichst kunstvoll zu verbergen, wann immer ich in weibliche Gesellschaft gerate. Ohne ihn abzustreifen!

Den Ring einfach abzulegen, nur weil ich mich für andere Frauen interessiere, empfände ich als unehrenhaft. Das wäre ja ein Verrat an Clara.

Es gibt allerdings auch Momente der Anbahnung, in denen ich meinen Ring offensiv zur Schau stelle. Denn ich weiß, dass es verheiratete Frauen gibt, die sich nie von ihrem Mann trennen würden, aber trotzdem ein Abenteuer suchen oder wenigstens jemanden, der ihnen zuhört. Nach den langen, ermüdenden Ehejahren kommt da ein ebenfalls gebundener Mann als Affäre gerade recht. In diesen Fällen ist ein Ring ein äußerst nützlicher Fingerzeig. Ich bin meist der gute Zuhörer. Ähnlich wie bei Nick Hornby in »About a Boy«. Der Held in diesem Roman macht sich an alleinerziehende Mütter ran und gibt sich als alleinerziehender Vater aus, dessen Sohn im entscheidenden Moment leider immer gerade woanders ist. Weil er nämlich gar keinen Sohn hat.

Soeben will ich also mit dem Spiel beginnen – den Finger erst verbiegen und dann wieder entbiegen –, um zu sehen, wie die Frau mir gegenüber darauf reagiert, wenn ich erst keinen Ring zu haben scheine und dann doch plötzlich mein Ring zu sehen ist. Wichtig dabei: Der Ringfinger muss möglichst lang erscheinen. Ein im Vergleich zum Zeigefinger langer Ringfinger deutet nämlich auf einen erhöhten Testosteronspiegel, damit auf mehr Partnerinnen und mehr Lust zum Risiko hin. Soll sie ruhig merken, was für ein wilder Tiger ich bin!

Aber die Frau gegenüber beachtet mich gar nicht, tippt nur genervt auf ihrem Handy herum und geht dann einfach wieder. Offenbar wurde sie versetzt.

Ich blättere also weiter in meiner Männerzeitschrift und komme zu dem Artikel, der mir verrät, was Frauen angeblich besonders erotisch finden. Da diesem Magazin wohl langsam das Geld ausgeht, haben sie ihre eigenen Grafikerinnen und Layouterinnen gefragt, was die denn so anmacht. Obacht, hier kann man etwas fürs Leben lernen.

Eine Männerzeitschriftengrafikerin findet originellerweise Johnny Depp total erotisch, besonders in der Rolle als Don Juan de Marco. Ich finde ja, er sieht in dieser Verkleidung total bescheuert aus, aber ich bin ja auch keine Frau. Also der Depp befindet sich in dem Film im Gespräch mit einer Frau und soll den großen Verführer mimen. Er macht dann etwas unglaublich Erotisches mit seinen Fingern, was die Filmpartnerin ungeheuer stimuliert.

Weil diese Masche offenbar bei Frauen funktioniert, merke ich mir, wie die Männerzeitschriftengrafikerin das beschreibt. Wenn Depp das kann, kann ich das auch. Schon wenige Minuten später setzt sich ohne Zögern eine junge Frau an meinen Tisch. Liegt es daran, dass ich so attraktiv bin, oder könnte es auch sein, dass an meinem Tisch der einzige noch freie Stuhl im Café ist? Sie schaut mich kurz an und nickt freundlich zur Begrüßung. Ich schaue sie auch an, nicke zurück. Man soll ja nicht übermütig werden, aber das sind vielversprechende Signale, die Fingerübung kann beginnen.

Ich reibe ebenso langsam wie konzentriert mit meinem rechten Zeigefinger an der Innenseite meines Zeigefingers der linken Hand entlang. Von der Fingerspitze bis zur Wurzel. Und dann den Mittelfinger wieder hinauf. V-förmig sozusagen. Ich wiederhole die Übung, erst in längeren Abständen, dann in kürzeren. Immer und immer wieder. Erst langsam, dann schnell.

Sie bestellt sich einen Gin Tonic und lächelt mich kurz an, als das Getränk kommt. Ich achte darauf, dass die erstaunliche Länge meiner Ringfinger gut zur Geltung kommt, während ich reibe.

Meine Finger werden schon ganz rot und wund, aber es ist Gott sei Dank nicht die Stelle, wo ich kürzlich noch dieses schmerzhafte, schuppende Ekzem hatte. Ich reibe weiter zwischen Zeigefinger und Mittelfinger hin und her, langsam wird es langweilig, aber auch ein bisschen warm. Glüht sie auch schon innerlich und zeigt es nur nicht? Ich will nicht aufhören, das ziehe ich jetzt durch. Es muss doch endlich klappen. Zeigefinger, Mittelfinger, Zeigefinger, Mittelfinger, nichts tut sich. Sie scheint das überhaupt nicht zu stimulieren. Gleich noch mal: Zeigefinger, Mittelfinger, Zeigefinger, Mittelfinger. Wahrscheinlich habe ich einen Fehler gemacht und vergewissere mich mit einem Blick in die Zeitschrift, ob die Technik die richtige ist.

Ich Idiot! Alles falsch gemacht. Ich hätte es mit der anderen Hand versuchen müssen.

Ein Lied geht um die Welt

Clara hat auf diesen Donnerstag hingefiebert. Sie will erneut Raffaels Vortrag besuchen, aber diesmal nur aus dem einen Grund: Sie wird ihn zur Rede stellen, notfalls vor dem ganzen Hörsaal. Er soll ihr ins Gesicht sagen, dass er nur mit ihr gespielt hat, dass er es nicht ernst meint, dass sie nur eine kurze Zerstreuung für ihn war, ein weiterer Schmetterling in seiner Sammlung.

Sie setzt sich wieder in die fünfte Reihe. Der Hörsaal ist auch diesmal bis auf den letzten Platz besetzt und Raffael produziert sich wie üblich vor seinen weiblichen Fans. Dieser Schaumschläger. Clara hört gar nicht hin, seine abgestandenen Sprüche kennt sie ja schon. Hoffentlich ist das nervtötende Blabla bald vorbei.

Kaum hat Raffael seinen Vortrag beendet und seine Eitelkeit im Applaus gebadet, stürmt sie nach vorn. Es gelingt ihr aber trotzdem nicht, als Erste bei ihm zu sein. Eine stark geschminkte und noch stärker parfümierte Frau mit supereng geschnittener Jeans hat ihn schon in ein Gespräch verwickelt. Verursacht sie diesen Luftzug? Heftig genug mit den Augen klimpert sie jedenfalls. Und wie die sich an ihn drängt.

»Raffael, ich muss dich sprechen, unbedingt«, prescht Clara vor und drängt sich an der Parfümierten vorbei.

»Nicht drängeln, bitte«, sagt Raffael. »Hier warten noch einige andere Damen, und die halten sich auch an die Reihenfolge. Ich habe jetzt zudem überhaupt keine Zeit, aber wir können gerne einen Termin ausmachen.«

Er will ihr mit großer Geste seine Visitenkarte überreichen, aber Clara dreht ab und rennt wütend aus dem Hörsaal. Aus den Augenwinkeln sieht sie gerade noch, wie sich die parfümierte Pute die Visitenkarte schnappt.

Clara läuft durch die Stadt, ziellos, ohne Plan. Bald tun ihr die Füße weh, aber in ihrer Verfassung kann sie noch nicht nach Hause und Alex gegenübertreten. Dazu ist sie viel zu aufgewühlt vor Wut auf Raffael, diesen nach außen gestülpten Dünndarm.

Zwei Stunden ist sie bestimmt schon unterwegs, Hauptsache, sich bewegen, sich Luft machen. Dann steht sie plötzlich vor dem Dolce Vita. Hier wollte sie eigentlich gar nicht hin, sie rennt ihm doch nicht hinterher? Clara will entschlossen an dem italienischen Lokal vorbeigehen, so gut war das Essen hier schließlich auch wieder nicht.

Aber dann fällt ihr Blick durchs Fenster, und da sitzt er an demselben Tisch, an dem sie vor ein paar Tagen mit ihm saß. Und als sie Raffaels Begleitung sieht, denkt sie: Das darf doch nicht wahr sein!

Ihm gegenüber sitzt diese Ethnoschlampe mit den billigen indischen Gewändern und den Pumuckelhaaren, die bei dem Vortrag vor zwei Wochen neben Clara saß, um Raffaels Ausführungen so hingebungsvoll zu lauschen. Sie ist heute noch greller geschminkt als im Hörsaal, das kann Clara sogar durch die Scheiben erkennen. Und sie hat sich offenbar neuen indischen Plunder gekauft, der ihre übertrieben großen Brüste noch ausladender präsentiert. Wie primitiv doch manche Männer sind!

Raffael scheint die ganze Zeit mit ausladenden Gesten auf sie einzureden. Er schleimt, scharwenzelt, beschwatzt sie, das sieht man durch das Fenster. Gerade hat er spielerisch die Hand von Pumuckel ergriffen. Noch hat er Clara nicht gesehen, und sie hat gerade beschlossen, ihm diesen romantischen Abend gründlich zu vermasseln. Sie betritt das Dolce Vita. Toni sieht Clara skeptisch an, als sie energisch das Restaurant betritt. Gedämpft, aber deutlich zu erkennen, läuft im Hintergrund »Sexual Healing«.

Der Oberkellner nimmt sie galant am Arm, als Clara schon auf Raffaels Tisch zustürmen will. »Lass es sein«, sagt er eindringlich, aber freundlich zu ihr. »Das bringt doch nichts. Das Leben ist viel zu schön, um sich mit so hässlichen Geschichten abzugeben.«

»Was weißt du denn schon davon?«, duzt sie ihn zu ihrer eigenen Überraschung zurück.

Toni lächelt. »Was ich von den Abgründen der Liebe weiß?« Er breitet die Arme aus. »Hey, ich bin Italiener.«

Clara muss schmunzeln und zuckt mit den Schultern. »Dann mix mir wenigstens einen Campari-Orange«, sagt sie zu Toni. Der wendet sich daraufhin erleichtert ab, und Clara nähert sich langsam, aber entschlossen Raffaels Tisch. Der indische Feuermelder ihm gegenüber leuchtet von Weitem. Sie dreht errötend einen Armreif in den Händen. Clara kommt im richtigen Moment.

»Der ist ja wunderschön«, hört Clara Raffaels großbusige Begleiterin mit geradezu obszön wollüstiger Stimme sagen. Sie rekelt sich ungezogen auf ihrem Stuhl herum. »Und das Essen ist echt lecker.«

Clara ist schon lange dafür, die Todesstrafe für Menschen wieder einzuführen, die »echt lecker« sagen.

Er: »Patagonien ist unglaublich intensiv und hat einen besonderen Zauber.«

Sie: »Ich finde es total spannend, was du da erzählst, und könnte dir ewig zuhören.«

Die ist so unfassbar schlicht, Clara möchte ihr am liebsten das Mango-Chutney ins Gesicht werfen, das auf dem Tisch neben ihr steht. Aber wahrscheinlich würde diese einfältige Gestalt das gar nicht merken und die Flecken als traditionelle Bemalung indischer Frauen missverstehen.

Er: »Kennst du eigentlich die alte Kirche von Maguelone? Am Strand, da gibt es diese alte Ruine einer Kirche, total einsam, verwunschen, romantisch, da könnte …«

Clara ist jetzt am Tisch angekommen. »Da könnte sie sich vorher schon die passende Kondom-Geschmacksrichtung aussuchen und auf jeden Fall eine Bodylotion mit Mückenschutz. Von deinem Geschleime wird nämlich mächtig viel Ungeziefer angezogen.«

»Wie schön, dass du vorbeikommst, Clara. Schade, dass hier bei uns kein Stuhl mehr frei ist.«

Clara reißt Raffaels verdutzter Gespielin den Armreif aus der Hand und liest die Gravur laut vor: »Für meine wilde Raubkatze« – ah, immerhin hast du hier ein bisschen variiert, Chapeau. Für deine Groupies legst du dich wirklich ins Zeug.«

»Ts, ts, ts, diese groben Worte passen gar nicht zu dir«, sagt Raffael in seinem überlegen sanftmütigen Seminarton. Aber Clara geht gar nicht auf ihn ein, sie hat schon ausgeholt und Raffael kräftig auf den Fuß getreten. Jetzt nimmt sie den Teller mit dem echt lecker aussehenden Wolfsbarsch und lässt ihn auf den Tisch knallen – genau an jene Stelle, an der Raffael gerade eben noch mit seiner Hand jene des Henna-Mädchens betatscht hatte.

»Aua – das tat weh.«

Clara macht auf dem Absatz kehrt und stürmt Richtung Ausgang.

Toni kommt entsetzt an den Tisch und räumt die Scherben beiseite. Die Musik hat er längst gewechselt. Es läuft jetzt »I feel it in my fingers, I feel it in my toes«.

Nächtliche Sehnsucht

Das Schönste an der Liebe sind die nicht erfüllten Sehnsüchte. Tucholsky hat mal geschrieben: »Immer noch besser, von ihr nichts zu bekommen, als mit einer anderen zu schlafen.« So kann man es sich natürlich auch zurechtbiegen. Meine Lebensgeschichte ist – und da macht die Ehe mit Clara keine Ausnahme – jedenfalls eine Geschichte der Verluste und missglückten Eroberungen, und manche davon taten ganz schön weh, auch wenn sie in der Erinnerung zu Stilübungen des Verzichts aufgeblasen werden. Ein Mann kann nur eine begrenzte Zahl an Niederlagen ertragen.

Die Nacht ist schwül. Wir sitzen vor dem Haus auf den Treppenstufen. Zu diesem Kongress in Atlanta hat unsere Assistentin für unsere Arbeitsgruppe ein Haus angemietet. Alle unter einem Dach, das spart Reisekosten. Wir kennen uns, zum Tagungsort haben wir es nicht weit, und ein bisschen romantisch ist das Haus auch.

Die Treppenstufen speichern noch die Restwärme des Tages. Es ist ein bisschen wie auf einer Südstaatenveranda. Das passt, schließlich sind wir ja in den Südstaaten. Ich fühle mich wie in der Kulisse für einen Film aus den Fünfzigern, in dem jeden Moment zornige junge Männer wild an Türen rütteln werden, um mit ihren Vätern zu brechen und mit Whiskeyflaschen um sich zu werfen.

Es ist schon spät, weit nach Mitternacht. Ich habe meinen unglaublich lässigen, gestreiften Pyjama an und setze mich neben Jasmin, eine Kollegin aus dem Institut. Sie hat lange, glatte, dunkle Haare und unglaublich gleichmäßige feinporige Haut. Sie sieht ein bisschen asiatisch aus mit ihren schmalen Augen, dem hohen Jochbein und der kleinen Nase. Aber ihre Eltern kommen beide in siebter Generation aus Bad Salzuflen. Mit dem Pyjama hätte ich in jedem Südstaatenfilm mitspielen können, so lässig ist der. Jasmin raucht. Sie ist schön und ziemlich neu in unserem Institut. Gerade ist sie aber vor allem traurig. Ich sage erst mal nichts. Es ist schön, miteinander schweigen zu können.

Plötzlich fängt sie an zu reden. »Diese blöde Raucherei«, sagt sie. »Ich muss es endlich sein lassen.«

Frauen, die sich selbst finden wollen und gute Vorsätze haben, soll man eigentlich in Ruhe lassen. Aber auf Kongressreisen gelten andere Gesetze. Ich erwarte einen Vortrag zu den schädlichen Auswirkungen des Rauchens von ihr. Stattdessen erzählt sie, dass sie kürzlich einen

Mann kennengelernt hat. Offenbar einen Charmeur, intelligent, humorvoll, gebildet, Jeanstyp, aber auch parkettsicher. Wie sie ihn beschreibt, klingt das so, wie sich die Leute in den Kontaktanzeigen in der »ZEIT« immer selbst anpreisen. Fehlt nur noch, dass er neben der Proust-Gesamtausgabe auch die Eigenschaft besitzt, ein Typ zum Pferdestehlen zu sein. Ich weiß gar nicht, warum man Pferde stehlen soll, wenn man jemanden mag. Ich mag keine Pferde, stehlen darf man die bestimmt auch nicht, und die lassen sich ja auch nicht so leicht verstecken, aber egal.

Die beiden sind jedenfalls vor Kurzem zusammen abends weggegangen, so viel kann ich aus Jasmins Erzählungen rekonstruieren. Es war sehr romantisch, sagt sie, schaut dabei sehnsüchtig, und auf dem Weg zu seinem Auto habe sie nervös geraucht. Kaum hatte sie ihre Zigarette weggeworfen, habe ihr der parkettsichere Jeanstyp zum Pferdestehlen so ein kleines, fieses Kaugummi gegeben, auf dem ganz groß auf die zahnreinigenden und atemerfrischenden Eigenschaften hingewiesen wird, wahrscheinlich stand da auch: Lässt Mundgeruch im Nu verfliegen. Das hat den Zauber zwischen den beiden irgendwie zerstört, sagt sie. Seitdem hat er sich nicht mehr bei ihr gemeldet, nicht mal zum spontanen Pferdestehlen.

Sie sitzt auf der Treppe und raucht. Sie will gerade wieder einen Zug nehmen, da kommt meine Chance. Ich sage sanft zu ihr: »Ich verstehe dich«, nehme ihr die Zigarette aus dem Mund und küsse sie auf die Lippen. Ich habe das mal in einem Film gesehen, da ging das prima.

Einen Moment lang überlege ich, ob ich auf diese Weise den Rauch inhaliere, den sie vermutlich gerade ausatmen wird, man weiß ja mittlerweile viel über die immensen Gefahren des Passivrauchens. Ich küsse sie trotzdem.

Und es klappt. Ich bin zwar keiner zum Pferdestehlen, aber zum Zigarette-aus-dem-Mund-nehmen, eigne ich mich hervorragend. Und da Clara mich auch nach meiner einschneidenden Operation an der empfindlichsten Stelle nicht mehr beachtet als vorher, bin ich mittlerweile zu allem entschlossen, sogar zum Kuss mit einer Raucherin.

Jasmin lacht, macht aber trotzdem ein bisschen mit beim Küssen, wobei sie eher spielerisch statt leidenschaftlich an die Sache – sprich: meinen Mund – rangeht. Ich lege eine Pause ein, wir schweigen, dann küsse ich sie noch mal, kurz bevor sie einen Lungenzug nehmen will. Ich bin jetzt schon ein ziemlich geübter Zigarette-aus-dem-Mund-Nehmer.

Sie nimmt das so hin, erzählt mir dann aber ausführlich von einem anderen Mann, der sich nicht mehr bei ihr gemeldet hat, nie mehr. Sie hat ihn bei einer dieser schrecklichen Ü-30-Partys kennengelernt. »Na, auch hier zum Resteficken?«, hat er damals zu ihr gesagt. Sie verschluckte sich und war erst ein bisschen geschockt über seinen derben Spruch. Aber der war so selbstironisch gemeint, denn er hielt sich ja offenbar auch für einen Teil des nicht mehr vermittelbaren Restes. Sie verliebte sich spontan in ihn. An dem Abend ließ sie sich mit ihm treiben, aber dann rief er nie wieder an.

Jasmin erzählte, ein anderer habe bei einer Verabredung als Erkennungszeichen eine Zeitschrift vorgeschlagen. Als sie sich trafen, hatte er dann tatsächlich eine Zeitschrift dabei, die auf dem Titel ankündigte: »Mit großem Männerteil.« Auf dem Cover war dann eine Art Lasche angebracht, und wenn man die anhob, sah man einen Mann mit einem ziemlich großen Teil. Der Typ lachte sich scheckig über diese originelle Lesertäuschung, woraufhin sie nie wieder anrief.

»Weißt du eigentlich, dass es für eine Frau jenseits der 35 wahrscheinlicher ist, vom Blitz erschlagen zu werden, als noch einen Mann fürs Leben zu finden?«, sagt Jasmin.

Ich kenne mich mit Blitzen nicht so gut aus und misstraue dieser Statistik auch, also nicke ich nur grummelnd und sage weiter nichts. Wir schweigen, dann wieder ein Kuss.

Jasmin hat noch mehr Männergeschichten auf Lager. Da war ein Kerl, mit dem sie sogar mal ein paar Monate zusammen war. Ein seltsamer Bursche. War wohl früher mal der ganz große Verführer, aber während ihrer Zeit als Paar bekam er anscheinend jedes Mal so ein seltsames Ganzkörperzittern, wenn sie miteinander zärtlich werden wollten. Ich vermute ein beginnendes neurologisches Leiden und warte, ob auch bei ihm noch die nikotingeruchhemmenden Kaugummis eine Rolle spielen werden, vielleicht schädigen die bei übermäßigem Gebrauch die Nerven. Sie dachte, es habe mit ihr zu tun, und irgendetwas stimme nicht.

Wir schweigen. Dann nestelt sie in ihrer Handtasche. Sie will sich schon wieder eine Zigarette anzünden. Ich bin gerade dabei, ihr die Zigarette wieder wegzunehmen, um sie vorher auf den Mund zu küssen. Als mittlerweile doch recht erfahrener Zigarette-aus-dem-Mund-Nehmer überlege ich, ob es keine gesundheitsverträglichere Variante gibt, einander näherzukommen. Meine Sehnsucht wird größer, und sie scheint nicht abgeneigt zu sein.

Zufällig senkt sich mein Blick. Und ich werde so daran erinnert, dass ich in Wirklichkeit keinen dieser coolen Streifenpyjamas trage wie die Männer in den Filmen aus den Fünfzigern, die ihre Väter zur Rede stellen und Whiskeyflaschen werfen, sondern einen mit rot-grauen Rauten gemusterten Frotteeschlafanzug. Dass Jasmin es trotzdem so lange neben mir auf den Stufen ausgehalten hat, muss man ihr angesichts dieser Modesünde hoch anrechnen.

Wie oft haben mir schon miese Schlafanzüge einen Strich durch die Rechnung gemacht, es ist furchtbar! Damals, während des Schüleraustausches mit Frankreich in der 11. Klasse beim Löffelchenmachen in Avignon. Sie hieß Beatrice, doch mein brauner Schlafanzug wurde zum Liebestöter. Ich wollte sie streicheln, als wir kuschelnd auf dem Gästebett lagen, das für mich im Keller aufgebaut worden war.

Sie drehte sich ein bisschen verwundert um und lachte, als sie den braunen Strampelanzug sah, den ich anhatte und der an Armen und Beinen mit straffen Gummizügen versehen war, sodass er sich aufblähte. Die Stimmung wurde endgültig verdorben, als sie zwischendurch austreten musste und dabei in das Katzenklo trat, das ihr Vater in einer Kiste vor der Kellertoilette installiert hatte.

Und jetzt im fernen Atlanta entpuppt sich das Problem mit den falschen Textilien zur falschen Zeit als ein ebenso zeitloses wie interkontinentales. Ich schaue also nach unten und erschrecke. Ich sehe diese zwar kleine, aber dennoch intensive dunkle Verfärbung. Diesen Tropfen auf dem Frotteestoff direkt zwischen meinen Beinen. Mitten im Schritt. Ach, Sehnsucht, ach.

Wahrscheinlich hat sie es noch nicht gesehen. Aber ich! Wie peinlich. Ich ziehe die Schlafanzughose etwas nach unten, um mehr Stoff zu haben, den ich zwischen meinen Beinen zusammenknüllen kann. Vielleicht kann ich auf diese Weise den Fleck verschwinden lassen. Sie weiß zwar noch nicht, was ich weiß und weswegen ich da unten rummache, aber sie ist irritiert.

In einem Moment, in dem sie in die Ferne zu starren scheint und wahrscheinlich einem weiteren Geliebten nachtrauert, den sie durch ihre Nikotinsucht oder unklare neurologische Symptome verloren hat, raffe ich meine Frotteehose zusammen, stehe auf und will schnell in mein Zimmer gehen. Wahrscheinlich hat sie doch mehr von ihrem Zigarette-aus-dem-Mund-Nehmer erwartet.

»Warte mal, du hast da was«, sagt sie und will mich an der Hose ziehen.

Ich kann gerade noch ins Haus entwischen. Wahrscheinlich werde ich jetzt aufgenommen in die Reihe all dieser seltsamen Männer, die vor ihr schon Reißaus genommen haben. Ich frage mich natürlich, ob ich als derjenige in ihren Geschichtenschatz eingehen werde, der wegen seines rot-grau gemusterten Frotteeschlafanzugs von Anfang an keine Chance hatte, oder ob sie eher ausplaudern wird, dass ich im entscheidenden romantischen Moment nicht ganz dicht war.

Ernüchterung

Raffael ist ein geschmackloser Schaumschläger ohne jeden Stil, das ist Clara jetzt endgültig klar. Er macht sich nicht einmal die Mühe, jede Frau auf eine andere Weise zu betören und zu verführen. Im Gegenteil, die Damen, mit denen er Bekanntschaften macht, sind für ihn genauso austauschbare Dutzendware wie die Armreife, Pflegeserien und Parfums, die er offenbar in der Maxipackung mit Rabatt bestellt. Wie billig, dieser Kerl.

Nachdem Clara wütend, aber auch ein bisschen euphorisch ob ihres gelungenen Überraschungsangriffs das Dolce Vita verlassen hat, hat Raffael seine rothaarige Begleitung einfach sitzen lassen und ist ihr nachgelaufen. Clara bemerkt zunächst nicht, dass sie von ihm verfolgt wird, erst am Rande eines kleinen Parks holt Raffael sie ein.

»Was soll das, was machst du hier für eine dumme Szene? Ich habe dir nie etwas vorgemacht, ich habe dich auch nie angelogen. Das ist ungerecht.«

»Ungerecht? Das wagst du mir ins Gesicht zu sagen? Du sprichst von Gerechtigkeit, ausgerechnet du? Gespielt hast du mit mir – und zwar von Anfang an. Ekelst du dich eigentlich nicht vor dir selbst? Kannst du noch in den Spiegel schauen?«

»Ich habe nur das gelebt und gemacht, was du dir im Hörsaal geduldig und offenbar mit einer gewissen Zustimmung angehört hast«, sagt Raffael. »Nicht mehr und nicht weniger. Ich habe davon gesprochen, dass wir alle zur Untreue neigen und uns alle gerne mit anderen Menschen vergnügen würden, es uns nur meist nicht trauen oder nicht erlauben.«

»Du hast mich willenlos gemacht, und das hast du vorher genau geplant.«

»Und jetzt? Willst du juristisch gegen mich vorgehen?«

»Das wäre wahrscheinlich ein Segen für die Menschheit, damit andere Frauen vor dir gewarnt werden.«

»Du kannst ja den einstweiligen Verführer erwürgen.«

»Sehr witzig. Wahrscheinlich hast du mir sogar etwas ins Essen oder in den Wein gemischt – sonst wäre ich nie auf deine billige Tour hereingefallen.«

»Gift? So etwas habe ich gar nicht nötig. Ich verfüge höchstens über die Elixiere der Liebe.«

»Das glaubst du offenbar tatsächlich! Von Liebe hast du doch keinen Schimmer. Du verwechselst das mit Triebabfuhr.«

»Ja, es ist schmerzhaft, sich eingestehen zu müssen, dass man jahrelang vor sich selbst davongelaufen ist. Und das ist ein Erkenntnisprozess, der dauern kann. Dabei solltest du mir dankbar sein für die Einsichten, die du durch mich gewonnen hast: Du hast schließlich durch mich erkannt, was du wirklich willst und begehrst. Durch mich hast du erfahren, wie sehr du bisher an deinen Bedürfnissen vorbeigelebt hast. Das tut eben manchmal weh!«

»Was bildest du dir ein, du aufgeblasener, zwanghafter, geiziger Spießer. Ich brauche doch nicht eine so erbärmliche Figur wie dich, um zu mir zu finden.«

»Offenbar doch«, sagt Raffael, und jetzt bekommt er wieder diesen süßlich-sanften Ton, für den man ihn erst öffentlich auspeitschen, seine Wunden mit Salz bestreuen und ihn dann vierteilen lassen müsste. »Wenn du dich so aufregst, könnte ich mich glatt noch mal in dich verlieben.«

»Du warst nie in mich verliebt und wirst es auch niemals sein. Liebe – du weißt doch gar nicht, was das ist.«

»O doch, ich lebe von der Liebe. Ganz gut sogar.«

»Du lebst von der Lüge. Ein Betrüger bist du und ein besonders hinterlistiger noch dazu. Du lügst dir doch permanent was in die Tasche – und andere lügst du auch feige an. In Wirklichkeit hast du chronische Bindungsangst und spielst den ewig jungen Verführer und Draufgänger. Weißt du eigentlich, wie lächerlich das ist, wie unreif und erbärmlich, Raffael Steinberg? Mein Mann hat da ein ganz anderes Format.«

»O ja, offenbar so viel Format, dass du ihn mit mir betrogen hast, wenn ich dich daran erinnern darf.«

Raffael wendet plötzlich den Blick von Clara ab, denn auf der anderen Straßenseite rudert eine Frau so wild mit den Armen herum, als ob sie zu ertrinken drohe. Als Clara hinüberschaut, hält sie plötzlich inne, als ob sie sich ertappt fühle.

»Kennst du die?«, fragt Raffael.

Clara antwortet ihm nicht. Aber wüsste sie nicht, dass Dorothee gerade in anderen Sphären auf Sri Lanka weilte, hätte sie die aufgeregte Frau im trüben Laternenlicht glatt für ihre beste Freundin halten können.

Das letzte Hemd

Ich bin auf Dienstreise in Paris. Nicht der schlechteste Ort für eine Tagung über das Beziehungsverhalten in der Tierwelt. Ich war schon ein paarmal dienstlich hier, zuletzt zu einem Kongress der Orgasmusforscher. Das Ah und Oh der Branche, wie diese Wissenschaftler intern ihre Disziplin nennen. Diesmal lockt mich ein Kongress der Verhaltensforscher an, Unterabteilung Paarbeziehungen. Das Thema lautet »Frühe Bindung und späte Sexualität in der Entwicklung vom Mollusken zum Menschenaffen«. Ein ganz heißes Eisen, die Forschung hat sich lange nicht darangetraut.

Aber Marie Margot mit ihrer Gruppe aus Nizza ist auch da, dieses Team ist immer für eine Überraschung gut. Mal vergleichen die emsigen Südfranzosen Nacktschnecken mit Weinbergschnecken und untersuchen, welche Weichtiere häuslicher sind und den Partner eher zu sich einladen. Dann ahmen sie mit Taucheranzügen bekleidet das Brunftquaken der Weißbauchunken nach und ergründen quasi als Froschmänner im Feldversuch, ob Kröte oder Kröterich beim Liebesakt oben sitzen dürfen. Dazu steigt Margot schon mal selbst mit einem betörenden Quak-Quak auf den Lippen in die Tümpel und Brackwasser der Provence.

Ich bin noch voller Anregungen von der Tagung, die eine spannende Sitzung nach der anderen geboten hat, und stürze mich am späten Nachmittag ins Pariser Getümmel. Ich kann mich jetzt auf keinen Fachbeitrag mehr konzentrieren, ich muss raus. Lieber will ich Clara etwas

Schönes mitbringen aus der Stadt der Liebe. Gleichzeitig bin ich aber noch aufgewühlt von den Vorträgen. Immer ging es um Lockrufe, um Fortpflanzung und um vielversprechende Strategien der Partnerwahl. Das sind zwar mir seit Jahren vertraute Forschungsgebiete, aber dennoch nimmt es mich diesmal etwas mehr mit als sonst und hält meine Gedanken beweglich, ich bin schließlich auch nur ein Mann.

Ich gehe in ein Unterwäschegeschäft und beschließe, für Clara ein Negligé zu kaufen, einen Hauch von Nichts oder am besten noch weniger. Die Stoffe sind sündhaft teuer hier, aber ich habe ja schließlich auch etwas davon. Ich taste mich über T-Shirts und Pullover heran an das, was ich eigentlich will. Radebrechend versuche ich der Verkäuferin mit meinem Küchenfranzösisch zu vermitteln, dass meine »Copine« in etwa dieselbe Figur habe wie sie, also die Verkäuferin. Es soll eine Überraschung für Clara werden. Versteht sie die Andeutung? Gehe ich zu weit?

Zu Unterwäsche habe ich ein entspanntes Verhältnis. Hemden, Leibchen, Büstenhalter, Bodys und Slips genussvoll anzuschauen gehört für mich in die Manufaktum-Kategorie: Es gibt sie noch, die guten alten unschuldigen Vergnügen. Das ist in Ordnung, das ist okay.

Deshalb sind auch die Wäschekataloge und -prospekte der großen Kaufhäuser die Lektüre wert. Noch besser ist es, die guten Stücke in natura zu sehen, wie in diesem wundervollen Pariser Kaufhaus. Schon in meiner Jugend war ich dem ersten erwachenden Sehnen bei einem intensiven Studium des Otto- oder des Quelle-Katalogs begegnet. Die Damenunterwäsche fand sich immer in der Mitte der opulenten Werke. Kurz danach kam der Heimwerkerbedarf.

Es gab typische Stellungen, in der die Wäsche in allen Katalogen von den Models präsentiert wurde. Die hatten an ihrer rechten Hüfte oft einen Knoten ins Unterhemd gemacht oder den Finger dort spielerisch in ihr Trägerhemd gesteckt. Wahrscheinlich sollte das neckisch aussehen. Die BH-Formen in den Katalogen waren mir zwar meistens egal, aber ich fand schwarz viel besser als weiß, denn weiß waren ja auch meine Unterhosen, das kannte ich. Schwarz war hingegen aus einer fremden Welt, in der ungeahnte Abenteuer auf mich warteten, verrucht und exotisch. Noch besser als schwarz gefielen mir aber diese halbtransparenten Modelle, durch die man mehr sehen konnte als nur gewölbte Stickereien oder Jacquardspitzen. Kein exklusives Modell kam damals ohne Jacquardspitzen aus.

Es versetzte mich immer in jugendliche Ekstase, wenn ich im Quelle- oder Otto-Katalog einen BH sah, durch den sich die Brustwarze nicht nur wie eine Mensch-ärgere-Dich-nicht-Figur abhob, sondern wenn auch die Farbe und Begrenzung des Warzenhofs durch den dünnen Stoff schimmerte und wie eine Figur im Nebel zu erkennen war. Eine Zeit lang ging ich im Kaufhaus meiner Heimatstadt ziemlich regelmäßig zum Kartenvorverkauf für diverse Konzerte. Um dorthin zu gelangen, musste man allerdings an den Ständen mit der Damenunterwäsche vorbei. Ich traute mich nie, stehen zu bleiben, aber indem ich sehr oft das Musikprogramm unserer Stadt studierte, bekam ich auch so einen ganz guten Überblick über das Angebot auf dem Dessoussektor.

Welcher Gegensatz sich da auftat zu den Frotteeschlüpfern, die ich von den Mädchen meiner Klasse aus dem gemeinsamen Sportunterricht kannte! Schon damals beschlich mich allerdings der Verdacht, dass diese feinen Stoffe und raffinierten Spitzen aus Katalog oder Kaufhaus nicht von normalen Frauen getragen, sondern hauptsächlich für Models entwickelt und nur bei den Katalogaufnahmen getragen wurden.

Die Mädchen, die wir beim Schulsport zu Gesicht bekamen, trugen meistens dickes Textil, und die Höschen waren an der Seite mindestens so breit wie bei den Kugelstoßerinnen aus dem Ostblock, die bei Olympischen Spielen antraten. Die wahrscheinlich von Fernsehsendern erfundene Vorschrift, dass die Hüftbreite von Höschen zumindest beim Beachvolleyball ein bestimmtes Maß – ich glaube, es sind drei Zentimeter – nicht überschreiten darf, setzte sich erst viel später durch, hat aber die Wurfdisziplinen bis heute nicht erreicht.

Ich weiß noch, dass ich mich schon als Kind gefragt habe, warum die Krönung eines so delikaten und begehrten Körperteils wie der Brust ausgerechnet als Warze bezeichnet wurde. Warzen kannte ich als unangenehme Druckstellen unter den Füßen, manchmal auch an den Händen, die vereist oder mit brennbaren Chemikalien weggeätzt wurden. Manche Kenner empfahlen auch Zahnpasta gegen die Warzen, aber nur die ohne Streifen. Es muss ein Frauenfeind gewesen sein, der diesen Begriff für eines der zartesten Gewebe prägte, das der Mensch kennt.

Dabei wussten sensible Dichter wie Clément Marot, der von 1496 bis 1544 lebte, doch schon vor Jahrhunderten, wie man »Das schöne Brüstchen« zu preisen hatte. Der feinfühlige Franzose hat die Frauen gekannt!

Ich stehe vor einem Ständer mit den besonders exklusiven BHs und kann in diesem Moment nicht anders, als die Verse zu deklamieren. Erst beginne ich etwas schüchtern, dann werde ich lauter und rezitiere mit fester Stimme. Schließlich bleiben sogar ein paar Besucherinnen des Geschäfts stehen, wahrscheinlich sind doch einige dabei, die ein wenig Deutsch können und erkennen, dass es sich hier um einen Worterguss der reinsten Liebe handelt:

»O Brüstchen, weiß wie Ei und Kreide,
O pralles Brüstchen, blank wie Seide,
O Brüstchen, das der Rose Pracht
Und alle Schönheit schamrot macht.

O Brüstchen fest: Nur Brüstchen? Nein,
Ein Kügelchen von Elfenbein
Auf dessen Mitte, sanft gespitzt,
Ein Kirschlein, eine Beere sitzt.

O Brüstchen, du bezeugst der Welt,
Wie's um den ganzen Leib bestellt,
Wenn man dich sieht, zuckt ein Gelüst
In jede Hand, die männlich ist.

Verblüffend, dass mir diese Zeilen hier in der Ferne, aber so nah an ihrem Entstehungsort einfallen, in einem französischen Fachhandel für Leibwäsche. Aber wahrscheinlich inspiriert mich Paris, die Stadt der Liebe und der Weißbauchunken. Ich entdecke ein wunderschönes, cremefarbenes Negligé, das könnte Clara doch gefallen. Wie gut würde sich das von ihrer blassen, holsteinischen Rückenhaut abzeichnen.

Ich unternehme einen neuen Versuch und frage eine Verkäuferin, ob sie es für mich anprobieren könnte. »Excusez, Madame?« Ich halte ihr das Hemdchen hin. Sie guckt mich an, als ob gerade Außerirdische in ihrer Abteilung gelandet wären.

»Probez vous? S'il vous plaît?« Ich radebreche vor mich hin, aber die kapiert überhaupt nichts. Ein allerletzter Versuch, ich halte ihr das Hemd vor den Körper, ganz sittlich, ich schwöre es. Ich halte das Hemd zart an den Trägern fest, auf Höhe ihrer Schultern versuche ich es mit einer Hand bei ihr abzulegen, um dann auf sie zu zeigen. Kann man deutlicher machen, dass sie es doch bitte, bitte für mich anprobieren soll? Als Dienstleistung, ich kaufe es ja auch, wenn es passt.

»Iiih«, sie weicht zurück. Und dann schreit sie auch noch, diese hysterische Gans.

Die beiden Herren in den dunklen Anzügen mit ihren albernen Sonnenbrillen und dem Handyknopf im Ohr habe ich so schnell nicht kommen sehen. Sie fassen mich entschieden am Arm und geleiten mich zur Tür. Ist ja gut, ich habe schon verstanden. Kann ich ja nicht ahnen, dass die hier so empfindlich sind.

An der Tür lassen sie mich wieder los, aber sie stellen sich so eindeutig hin, dass mir klar ist, dass ich nicht mehr zurück ins Geschäft soll.

Hinter ihnen kommt eine attraktive dunkelhaarige Frau auf mich zu. Hosenanzug, groß, dunkler Teint, vermutlich mit karibischem Einschlag. Sie hat eine Tasche dabei. Wahrscheinlich will sie sich im Namen des Hauses für mich entschuldigen und das Hemd für mich anprobieren, die Statur von Clara hätte sie ungefähr, alles wird gut.

Sie gibt mir die Hand, stellt sich vor: »Othoniel, guten Tag, ich bin Dolmetscherin«, sagt sie in fast akzentfreiem Deutsch, und sie ist bezaubernd. Vielleicht kann ich sie nach Dienstschluss zum Essen einladen, wenn sie das Hemd fertig für mich anprobiert hat.

»Sie haben Hausverbot, mein Herr, damit wir uns verstehen.«

Wahrscheinlich muss sie jetzt auf cool machen, und sobald die beiden Bulldoggen mit den Sonnenbrillen weg sind, wird sie mich fragen, wo wir uns heute Abend treffen werden. Ich bin bereit, das Spiel mitzuspielen.

Sie überreicht mir die Tüte mit dem Unterhemd, das ich vorhin schon ausgesucht und bezahlt habe, und sagt: »Das war das letzte Hemd, das sie hier gekauft haben.«

Pech im Spiel

Clara hat Raffael einfach auf der Straße stehen lassen, nachdem er ihr auch noch hatte weißmachen wollen, dass sie auf dem richtigen Weg sei und ihre neuen Gefühle ruhig zulassen solle. Er soll es ja nicht wagen, noch mal anzukommen und ihr zu erzählen, dass sie es ihm zu verdanken hätte, wenn sie sich nach dieser demütigenden Erfahrung jetzt selbst ein bisschen besser kennengelernt habe.

Sie haut für sich und die Kinder ein paar Eier in die Pfanne, dazu gibt es Bratkartoffeln. Alex kommt erst in ein paar Tagen aus Paris zurück. Im Moment ist er ganz schön viel unterwegs, aber so bleibt sie wenigstens von seinen nächtlichen Zärtlichkeitsattacken verschont. Nach dem Essen spielt sie »Mensch ärgere Dich nicht« mit den beiden Mädchen. Konzentrieren kann sie sich nicht dabei. Sie ärgert sich die ganze Zeit maßlos darüber, wie sie Raffael auf den Leim gegangen ist.

»Mama, du passt ja gar nicht auf«, sagt Miriam.

»Genau«, sagt Rebecca. »Gerade habe ich dich schon wieder rausgeschmissen. Und vorhin die Miriam.«

»Doch, ich passe auf, aber ihr seid einfach zu gut und gewinnt deswegen immer gegen mich.« Clara weiß, dass sie tatsächlich mit ihren Gedanken gerade ganz woanders ist, aber solche Notlügen sind erlaubt. Gerade hat sie sich gefragt, ob sie es sich jemals wird verzeihen können, dass sie Alex belogen und betrogen hat.

Clara spürt, wie die Wut in ihr wieder hochsteigt. Wut auf Raffael, aber noch mehr Wut auf sich selbst. Sie möchte sich am liebsten selbst schlagen. »Verdammt, verdammt, verdammt«, schreit sie plötzlich und schmeißt ein paar hölzerne Spielfiguren gegen die Wand. Es sind keine vom Spielfeld, sondern welche, die danebenstehen, weil keiner diese Farben wollte. Die Kinder schauen ebenso erschrocken wie verwundert.

»Nicht böse sein, Mama, ist doch nicht so schlimm«, sagt Miriam, und dabei wirft sie erneut eine von Claras Figuren raus. »Ist doch nur ein Spiel.«

»Ihr habt ja recht, aber es ist gar nicht wegen des Spiels. Ich ärgere mich über etwas anderes.«

Sie verspricht, ab jetzt beim Spiel besser aufzupassen und nichts mehr an die Wand zu werfen. Viel Zeit hat sie allerdings nicht mehr dazu, denn nach drei, vier Zügen sind ihre Kinder im Ziel, während sie selbst erst eine Figur im Häuschen hat.

»Welche Farbe willst du diesmal?« Rebecca und Miriam wollen noch mal mit Clara spielen, aber als die Kinder gerade dabei sind, die Figuren wieder aufzubauen, klingelt das Telefon.

»Nicht drangehen«, ruft Miriam.

»Vielleicht ist es ja Papa aus Paris«, sagt Clara.

Es ist dann doch nicht Papa aus Paris, aber dennoch eine vertraute Stimme: »Ist mir ja so peinlich, aber ich muss dir was sagen. Es ist megadringend.«

Mit Dorothee hatte Clara diesmal wirklich nicht gerechnet. Aber im Moment hatte sie wirklich keine Lust auf einen Livebericht von ihren Bewusstseinsklimmzügen auf Sri Lanka.

»Du, ich spiele gerade mit den Kindern. Das ist kostbare Zeit. Es passt wirklich schlecht, aber ich kann dich ja morgen aus der Klinik anrufen oder später, wenn die beiden Süßen im Bett sind. Du musst mir aber sagen, wie ich dich in Sri Lanka erreichen kann.«

Dorothee macht komische Geräusche. Weint sie etwa?

»Ich bin gar nicht auf Sri Lanka. Bin auch nie da gewesen. Dieses Schwein hat sich eine Woche bei mir eingenistet und dann, einen Tag bevor wir fahren wollten, hat er gesagt, dass er allein dahin muss. Er kann das nicht ändern. Hat auch nichts mit mir zu tun. Aber wenn er wirklich in andere Bewusstseinsstufen gelangen will, muss er allen Ballast abwerfen.«

»So ein Mistkerl!«

»Clara, hilf mir. Ich bin wieder vollkommen allein. Darf ich wieder die Planung für euer Fest übernehmen? Ich habe sonst doch nichts.«

Verbotene Früchte

Ich besorge noch etwas mit feinem Duft in Paris. Nein, kein Parfum, keine Bodylotion und auch kein Deo. Sondern ein Massageöl. Damit ich auch etwas davon habe. Ich fühle mich wie der Fischadler unter den Männern. Nicht nur wegen seiner majestätischen Haltung und seiner beachtlichen Spannweite. Sondern weil bei diesen Tieren das Männchen seine jeweilige Partnerin ständig umhegt und sie mit frischem Fisch versorgt. Besonders während sie brütet, sorgt er rührend für sie und bietet ihr

Nahrung dar – aber auch später. Er macht das nicht allein aus Nächstenliebe, zugegeben, sondern er hat durchaus pragmatische Gründe dafür. Bringt er ihr nämlich keinen leckeren Fisch mehr vorbei, wendet sie sich anderen Adlern zu, die sie besser versorgen, und beginnt Affären mit ihnen.

Ich habe Clara deshalb eine Zeit lang jeden Morgen eine Tasse Milchkaffee ans Bett gebracht und sie mit Prinzenrollen-Keksen verwöhnt, die man gut eintunken kann. Das ist eine subtile Andeutung, dass ich auch gerne etwas mehr von ihr verwöhnt werden würde, aber hauptsächlich geht es mir natürlich um sie. Das reichte ihr bald nicht mehr, ich sollte sie auch noch massieren. Und wenn ich sie massierte, dann fühlte sie sich wohl. Und wenn sie sich wohlfühlte, dann war sie mir ein wenig gewogener. Und wenn sie mir gewogen war, dann wusste man nie, was passierte. Meistens schlief sie aber ein während der Massage, weil das ja so schön entspannend für sie war. Mit meinem Geschenk werde ich sie an diese schönen Zeiten erinnern.

Ich schaue mich also nach einem passenden Massageöl für uns um. Vorsichtig, ich habe keine Lust auf untersetzte Herren mit Sonnenbrillen, die mit ihren Knöpfen im Ohr aussehen wie Teddybären. Immerhin bin ich in Paris, und vielleicht haben sie es ja in der Metropole der Amouren und Affären geschafft, den Duft der Liebe in kleine Flakons abzufüllen und auch für die Momente zu konservieren, in denen man nicht mehr Sacré-Cœur, die Seine oder Montmartre im Rücken hat, sondern wieder im heimischen Stellungskrieg auf ein paar Zentimeter

Raumgewinn hofft. Vielleicht kann ich Clara ja damit betören, und sie zerfließt vor Sinnenlust. Die letzte Flasche hatte ich ihr aus Chemnitz mitgebracht, der strenge Ostduft war aber nicht so ein Erfolg. Und wenn es bei Clara nicht wirken sollte, wer weiß, dann finde ich womöglich noch anderweitig Verwendung dafür.

Eine Essenz aus »verbotenen Gärten« oder mit »verbotenen Früchten«, so genau verstehe ich das französische Etikett nicht, steht im Regal vor mir. Es riecht jedenfalls schwer nach überreifem Obst und auch ein bisschen schwül. Außerdem ist alles hier sehr öko. Ich bin durch Zufall in einer biologischen Duftschmiede gelandet. Jedes Wässerchen ist hier mitsamt seinen umweltverträglichen Abbauprodukten zertifiziert und mit grünen Stempeln versehen. Wahrscheinlich ist das Massageöl auch biologisch abbaubar und könnte sogar abgeleckt oder getrunken werden.

Ich nehme das verbotene Zeug und außerdem ein Fläschchen, von dem ich glaube, dass es sich »Geheimnisse des Orients« nennt, und dessen Inhalt offenbar nach streng veganischen Prinzipien zusammengemischt ist. Hier wurde nicht geerntet, sondern nur aus herabgefallenen Früchten und aus vom Stängel gewehten Blüten ein Gebräu hergestellt, das ohne Flugreise oder Überseetransporte an seinen Verkaufsort gelangt ist. Ich freue mich jetzt schon darauf, die edlen Tropfen bald in Claras warme Schultern einwalken zu dürfen.

Zu Hause ist das nämlich so. Wenn Clara eventuell doch ein ganz klein wenig Lust auf Nähe verspürt, dann sagt sie nicht profan: »Lass uns kuscheln«, oder noch plumper: »Ich habe Lust, mach dich nackig«, sondern sie fordert: »Du könntest mich eigentlich noch ein bisschen massieren.« Ich muss dann ihren Rücken und ihren Nacken kneten, aber sobald sich meine Hände nur ein bisschen unterhalb ihrer Schulterblätter bewegen, sagt sie streng: »Nur oben!« Danach folgt immer die Bemerkung: »An den Schultern und im Nacken bin ich besonders verspannt«, was man durchaus als Befehl verstehen kann, nicht nachzulassen.

Ich bin hingegen eher so der ganzheitliche Typ und versuche in der Massage ihren Körper vollständig einzubeziehen. Ich fange damit an, die Rückenpartien, den gestreckten Aufrichtmuskel, die Rückseiten ihrer Oberschenkel und natürlich auch die Waden zu bearbeiten. Am besten massiere ich gegenläufig, das verschafft mir einen guten Rhythmus. Ich kaufe noch eine dritte Flasche, die heißt »Elixiere der Sünde« oder so ähnlich, aber bestimmt werde ich mich nie trauen, dieses Teufelszeug bei Clara auszuprobieren, es sei denn, ich entferne vorher das Etikett.

Zurück im Hotel, will ich meine Einkäufe ins Zimmer bringen und dann vielleicht noch ein wenig in der Lobby entspannen. Wer weiß, welche süße Französin dort auf mich wartet. Doch in der Lobby steht keine Französin, sondern – Valerie. Ich hatte sie nicht mehr gesehen seit unserem Zwischenfall an der Bar in Rostock und nicht damit gerechnet, sie auf der Tagung in Paris wieder zu treffen. Doch jetzt steht sie vor mir, groß und schlank und bezaubernd, einfach umwerfend und mit diesem Blick, der sagt, ich weiß, dass du weißt, dass ich weiß. Dass sie kurzzeitig den Erfolg meiner Operation gefährdet hat, ist längst verziehen.

Sie reckt keck ihre Brüste in die Höhe und bestellt zwei Cocktails für uns, bevor ich ein Wort gesagt habe. Kaum sitzen wir in den dunkelroten Ledersesseln, fängt sie an: Sie wirft die blonden Haare temperamentvoll nach hinten, legt den Kopf schief, entblößt den bronzefarbenen Hals, schürzt die Lippen wie Roger Willemsen auf Lesereise, dann leckt sie mit der Zunge über ihre Lippen, erst oben, dann unten, langsam hin und her. So viele eindeutige Bereitschaftssignale auf einmal kann ich gar nicht verarbeiten. Ich weiß nicht, wo ich zuerst hinschauen soll. Es ist so, als feuere sie die ganzen Erkenntnisse unseres Forschungsgebietes in wenigen Minuten am eigenen Leib ab. Jetzt rekelt sie auch noch im Sessel herum, sodass sich ihr Oberkörper immer wieder vorteilhaft vom Lederpolster abhebt. Ich bin verlegen.

»Eigentlich wollte ich erst meine Einkäufe ins Zimmer bringen«, sage ich und stammele fast dabei. Tolle Idee, ihr von meinen Einkäufen zu erzählen, aber ich weiß nicht, was ich sonst sagen soll, ich bin nicht der elegante Unterhalter, und deshalb schaue ich jetzt erst mal schüchtern auf den Boden.

»Oh, ich liebe es so sehr, in Paris einzukaufen«, jubiliert sie. »Es ist so wunderbar und inspirierend, diese Stadt ist fantastisch und macht einfach alles möglich, alles.« Dabei lehnt sie sich zu mir herüber und fasst mir auf den Unterarm. Ich glühe.

»Ja, das ist wohl so.« Etwas Originelleres fällt mir im Moment nicht ein. Ich Blödmann.

»Komm, wir bringen die Einkäufe schnell nach oben, ich begleite dich.«

Schon hat sie meine Taschen genommen und ist in Richtung Treppe gegangen. Ich tappe hinterher wie in Trance.

»Welches Zimmer?«, fragt sie.

»206, zweiter Stock.« Mann, bin ich gerade vernagelt! In welchem Stockwerk sollte sich Zimmer 206 denn wohl sonst befinden, im sechsten?

Sie geht vor mir die Treppe hoch, und ihr kurzer Rock wogt aufregend mit jedem Schritt auf den Stufen in dem nur spärlich beleuchteten Treppenhaus hin und her. Bin ich betrunken, oder warum schwankt das so? Sie ist vor mir bei meinem Zimmer angekommen und bleibt direkt vor der Tür stehen. Ich muss sie fast beiseitedrängen und ihr schon sehr nahe kommen, um aufschließen zu können. Wie gut sie riecht! Ihr Körper scheint Sinnlichkeit geradezu auszuströmen, ohne dabei vulgär zu sein. Hat sie vielleicht in einer Parfümerie den Duft entdeckt, in dem die Liebeslust in Flakons und Fläschchen gebändigt worden ist?

Ich stelle meine Tüten auf den Boden, ziehe die Jacke aus und überlege, ob ich ihr kurz ein Getränk aus der Minibar anbieten soll oder ob wir gleich wieder in die Lobby gehen sollen.

»Fanta, Cola, Apfelschorle, Bitter Lemon«, murmele ich vor mich hin, und wahrscheinlich wäre ich der erste Mann, der eine Frau mit Apfelschorle herumbekommen hätte.

»Darf ich?«, fragt sie, aber sie wartet die Antwort gar

nicht ab, sondern hat schon meine Taschen genommen und mit dem Auspacken angefangen.

»Aaah, wunderschön, dieser Stoff. Wie ich diese Frau beneide, der du dieses wunderbare Seidenhemd mitbringst. Die Glückliche!«

Sie wühlt noch ein bisschen in der Tasche herum, dann lacht sie beglückt und holt triumphierend eine Flasche hervor. »Massageöl?«

Sie steht nah vor mir, sehr nah. Näher als Menschen in einem Aufzug, wenn sie jedes Gespräch einstellen. Diese Distanz zeichnet den Menschen gegenüber allen anderen Tieren aus, er möchte Abstand halten, seine persönliche Entfernung zum Nächsten gewahrt wissen, mit Ausnahme von ganz wenigen Situationen. Jetzt verlagert Valerie ihr Gewicht von einem Bein auf das andere. Ich könnte sie küssen, aber besser wäre es, wir gingen jetzt schnell wieder in die Lobby.

»Ich muss mal schnell verschwinden«, sagt sie – und schon hat sie die Badezimmertür hinter sich abgeschlossen. Puh, die heikelste Situation ist überstanden. Ich zupfe die Decke des Bettes zurecht, wende mich zur Tür. Sie wird ja bald kommen.

»Komm schon«, sagt sie. »Massiere mich.«

Valerie steht in der Badezimmertür. Und sie hat nichts an, das heißt fast nichts, sie hat nur die Unterwäsche angelassen. Schwarz und transparent mit Spitzen, die Variante, die ich am liebsten mag. Und wie beeindruckend und ebenmäßig ihr Körper ist!

Wenn ich das gewusst hätte und zu Hause wäre, hätte ich vorher eine Rennradtour gemacht, um mich ein wenig zu beruhigen. Und zwar eine anstrengende Bergetappe. Ich habe einen neuen, ergonomisch geformten Sattel, der passt sich angeblich genau meinen Körperformen an. Sieht aus wie eine gewundene Banane. Trotzdem bin ich hinterher jedes Mal taub im Schritt. Außerdem hatte ich permanent das Gefühl, als müsste ich pinkeln.

»Komm«, sagt sie noch einmal. Aber sie muss mich gar nicht ein zweites Mal auffordern, und mein Rennrad ist mehr als 1 000 Kilometer entfernt.

Es ist wie im Traum. Ich träufele vorsichtig »verbotene Früchte« in eine zarte Delle zwischen ihren Lendenwirbeln. Gleich werde ich beginnen. Sie liegt auf dem Bauch. Ich knie neben ihren Schenkeln. Hose und Hemd habe ich schon ausgezogen, nur noch die Unterhose und Strümpfe an, dummerweise trage ich den etwas zu eng geschnittenen Slip, der am Bund schon einige Löcher hat, und die Socken, die so an den Unterschenkeln einschneiden. Aber das sieht sie ja nicht, sie liegt ja auf dem Bauch.

Mit erst zarten, dann immer kräftigeren Bewegungen verteile ich das Öl auf ihren weichen Schultern und Oberarmen, und relativ früh beziehe ich auch ihre tiefer gelegenen Regionen mit ein. Sie lässt mich gewähren. Ich komme langsam in Fahrt und drücke mit den Daumenballen fester in ihr Fleisch. Nicht zu hart, aber so, dass sie es merkt. Sie stöhnt leise und stößt noch ein paar andere Wohllaute aus.

Mir wird heiß und kalt und wieder heiß, und die verbotenen Früchte vernebeln mir langsam die Sinne. Es riecht mittlerweile wie nach vergorener Obstbowle im Hotelzimmer.

»Du predigst doch immer die ewige Treue in deinen Vorträgen, oder habe ich da irgendetwas falsch verstanden?«, fragt sie plötzlich und legt den Kopf ein wenig zur Seite.

»Der Wegweiser muss doch nicht den Weg gehen, den er zeigt«, sage ich. Was soll das, warum fängt sie gerade in diesem Moment mit diesem Moralzeugs an? Sonst rede ich ja gerne jederzeit über meine Thesen und Vorträge – aber jetzt doch nicht.

»Ist das wirklich konsequent, Herr Forscher?«, säuselt sie. »Wie soll man denn sonst an das glauben, was du sagst? Wer weiß, wie genau du es mit anderen Dingen hältst, die du den Leuten erzählst.«

»Aber das müssen wir doch jetzt nicht besprechen.« Ich massiere ihren Rücken immer weiter südlich und nähere mich unaufhaltsam ihrem Beckenkamm an. Dieses Ziel habe ich deutlich vor Augen, und anschließend gibt es kein Entrinnen mehr.

Lange halte ich das nicht mehr aus. Meine Hände fühlen sich jetzt schon so an, als hielte ich sie ins Feuer. Meine Unterarme stehen auch gleich in Flammen, ebenso die Innenseiten meiner Schenkel, mit denen ich ihre Schenkel gleichmäßig berühre und langsam daran entlangschabe, während meine Hände unablässig ihr Werk tun und weiter Massageöl in großen Mengen auf ihrem Körper verteilen.

»Ich finde, das gehört unbedingt hierher«, sagt Valerie. »Ich arbeite nämlich neuerdings für das Team von Raffael Steinberg, du kennst ihn sicher. *Er* behauptet ja, anders als du, dass Untreue das über alles bestimmende

Motiv in der Natur ist und es sich die Menschen aus den absurdesten Gründen nur verkneifen.«

Ich höre nur noch mit einem Ohr zu und murmele, besoffen von der Liebe und dem Liebesduft, nur ein mattes »Das stimmt wahrscheinlich, was du sagst« vor mich hin. Wenn das so weitergeht, verbrenne ich gleich.

Valerie dreht sich plötzlich auf den Rücken. »Und offenbar hat er ja recht, wie man sogar am berühmten Treueforscher Alex just in diesem Moment sehen kann.« Sie lacht.

Sie wird mich gleich mit ihren Beinen umklammern, mich fest an sich drücken und mit mir auf den Grund tauchen und wieder hochschnellen und wieder versinken. Mir vergeht jetzt schon Hören und Sehen.

Meine Zunge wird schwer und dick, und ich weiß, dass es gleich so weit sein wird. Ich massiere jetzt wie ein Besessener ihre Arme, auch wenn das gar nicht nötig ist, und die Unterarme, neben den Fußsohlen wohl die einzigen Orte an ihrem Körper, die noch kein Massageöl abbekommen haben. Die Luft wie auch meine Haut sind zum Zerreißen gespannt, mein Atem geht immer schneller und schwerer – ich sinke nieder und bin weg, ganz weit weg in einer anderen Welt. Abgetaucht in den schwarzen Tiefen des Meeres.

Er ist so süss

Clara plagen Gewissensbisse wegen der Nacht mit Raffael. Das hätte sie niemals tun dürfen. Manchmal hat sie zwar den Verdacht, dass Alex sie auch betrügt, weil er in letzter Zeit sehr viel unterwegs ist und es völlig aufgegeben hat, sie zu nerven. Aber dafür, dass *er* fremdgeht, hat sie keinerlei Beweise, während *sie* selbst eindeutig aushäusig unterwegs war.

Sie weiß nicht, wie, aber irgendwie ist sie in Alex' Arbeitszimmer gelangt. Sie steht vor den Bücherwänden und betrachtet versonnen die Penisrohre, die er aus Südostasien mitgebracht hat und die an den Seitenständern hängen. Auf dem Schreibtisch herrscht Alex' übliches Durcheinander: Papierstapel, Bücher, Fachaufsätze, eigene Notizen, nicht mehr funktionierende Kugelschreiber, dazwischen zerknitterte Spesenbelege, unbezahlte Rechnungen und diverse Mahnungen, die Steuererklärung endlich abzugeben. Ihr Blick fällt auf ein paar Zettel mit handgeschriebenen Zeilen. Was ist das denn? Schreibt Alex etwa Gedichte? Der Zettel ist schon ziemlich zerknittert und schwer zu entziffern, aber einige Worte kann Clara dann doch erkennen:

»O Brüstchen, du bezeugst der Welt,
Wie's um den ganzen Leib bestellt,
Wenn man dich sieht, zuckt ein Gelüst
In jede Hand, die männlich ist.«

Clara hat das Gefühl, etwas Verbotenes zu tun. Gleichzeitig ist sie gerührt von der einfühlsamen Sanftmut und poetischen Empfindsamkeit, die aus diesen Zeilen spricht. Ihr Alex, was sie alles nicht von ihm weiß!

»Er schreibt Gedichte, er besingt meinen Körper, wie süß – und ich habe ihn manchmal so schlecht behandelt und so grob abgewiesen.« Sie sagt das zu sich selbst, und ein Gefühl der Zärtlichkeit und Zuneigung überkommt sie. Am liebsten würde sie Alex sofort umarmen. Jetzt. Wenn er doch nur hier wäre! Dass er so sensibel ist. Dass er neben seiner Forschung und den vielen Vorträgen auch noch die Zeit hat, seine Gefühle in empfindsame Worte zu kleiden. Offenbar ist ihm das außerordentlich wichtig. Wenn er doch nur mehr mit ihr gesprochen hätte, wie viel Streit und wie viel unfruchtbare Auseinandersetzungen hätten sie sich ersparen können.

Clara traut sich nicht, erneut über seinen Schreibtisch zu schauen, sie möchte nicht weiter eindringen in die Welt dieses empfindsamen Mannes, der ihr so nah ist, aber von dem sie doch so vieles nicht weiß. Es kommt ihr so vor, als hätte sie seine fragile Welt bereits ein bisschen zerstört, seinen Rückzugsort, so wie ein neugieriges Kind, das mit einem Stock ein Spinnennetz zerreißt.

Das Telefon klingelt im anderen Raum. Wenn das Alex aus Paris ist, wird sie ihm sofort sagen, wie sehr sie ihn vermisst und dass sie unbedingt noch mal miteinander einen Neuanfang versuchen müssen, dass es nicht einfach mit ihr ist, sie weiß es ja, aber dass jetzt alles anders wird und er ein Schatz ist und die Kinder so wunderbar sind und dass sie sich auf ihn freut und sie am Wochenende gleich ganz lange etwas für sich machen müssen. Das muss Gedankenübertragung sein.

»Hallo Clara, ich bin's«, sagt eine vertraute Stimme.

»Nein, bitte nicht! Das darf nicht wahr sein!« Clara winselt um Gnade. »Lass es bitte einen Albtraum sein.«

So geht das nicht weiter. Dorothee hat das einmalige Talent, zum falschesten Moment mit den falschesten Themen aufzukreuzen. Zudem besitzt sie die Eigenheit, nie zu erkennen, wann sie stört und wie sehr sie stört – nicht mal dann, wenn man es ihr in aller Deutlichkeit sagt. Sie hat in etwa die Sensibilität eines Zahnarztbohrers, unerbittlich fräst sie sich in ihre Umgebung hinein, immer tiefer und immer mit hoher Rotation.

»Was ist denn los, habe ich dir etwas getan?« Für einen Moment ist auch Dorothee aus der Fassung. »Wir sind doch Freundinnen, wir können doch immer über alles reden.«

»Eben nicht, das ist es ja gerade.«

»Du hast was auf dem Herzen, ich spüre so etwas. Lass es raus, dann fühlst du dich besser.«

»*Was willst du?* Ich bin gerade nicht in der Stimmung, um dir von meinen Befindlichkeiten zu erzählen!«

»Okay, du hast recht. Solche Phasen kenne ich. Dann erzähle ich zuerst von mir. Dazu sind ja Freundinnen da. Du hast ja keine Ahnung, wie es mir gerade geht. Mein Herz macht Stabhochsprung.«

Clara beißt in die kleine Bambusmatte, die unter dem Telefon auf der Kommode liegt. Sie versucht sich zu erinnern, wie sie Dorothee damals kennengelernt hat. Man kann sich ja nicht nur von Partnern und Liebschaften trennen, sondern auch Freundschaften aufkündigen.

»Clara, ich erzähle dir jetzt was ganz, ganz Wunderschönes.« Dorothee plappert einfach weiter, ohne Erbarmen. Hat sie eigentlich gehört, was Clara gerade gesagt hat?

»Es geht auch ganz schnell. Du wirst nicht darauf kommen, aber ich muss es dir unbedingt sagen, sofort.«

Bevor Dorothee wieder ihre bedeutungsschwangeren Pausen einlegen kann, unterbricht Clara sie: »Lass mich raten, es haben sich 17 weitere Paare getrennt, und in allen Fällen kommen die Frauen allein und wir haben einen gigantischen Männermangel auf unserem Fest. Aber ansonsten laufen die Vorbereitungen auf Hochtouren, und es gibt drei klassische Konzerte, zwei Gedichtvorträge und vier Sketche.«

»Du bist wirklich blöd, Clara, weißt du das? Aber dass jetzt mehr Männer kommen, als wir befürchtet haben, das stimmt schon. Ich habe mich nämlich verliebt. Er ist so was von süß. Und wenn ihr nichts dagegen habt, würde ich ihn so gerne mitbringen. Clara, ich muss ihn mitbringen!«

Clara staunt tatsächlich über Dorothees neues Talent für Liebschaften. War da nicht vor Kurzem noch dieser Guru, der sie vor dem ersten Trip hat sitzen lassen? Und jetzt schon wieder ein Neuer, nachdem sie jahrelang vergeblich auf der Suche war.

»Du könntest dich auch glatt in ihn verlieben, wenn du ihn kennen würdest. Vielleicht sollte ich ihn doch nicht zu eurem Fest mitbringen, damit du nicht auf dumme Gedanken kommst.« Dorothee kichert albern.

Gut, kein Entrinnen. Clara schaltet auf den Dorothee-Modus um und kommentiert mehr oder weniger gelangweilt ihre Ergüsse.

»Da mach dir mal keine Sorgen, wir sind uns doch schon zu Schulzeiten nie ins Gehege gekommen. Ich glaube, du hast einen grundsätzlich anderen Geschmack als ich.« Clara muss an Dorothees Wohnung denken, die völlig überladen ist mit Häkeldeckchen, Kerzenständern, Setzkästen mit albernen Figuren und anderen Stehrümchen.

»Er ist so rücksichtsvoll und würde nie eine Frau ausnutzen, so was tut er nicht«, schwärmt Dorothee. »Das hat er übrigens auch gar nicht nötig.«

»Was für ein Held!«

»Du machst dich lustig über mich, dabei stimmt es wirklich. Er hat Charakter, Haltung, Stil. Neulich hat er eine Bekannte bei sich übernachten lassen, die nach einem gemeinsamen Essen so sturzbetrunken war, dass sie nicht mehr geradeaus laufen konnte. Und er, ganz der Gentleman, hat sie mit zu sich genommen, sie vorsichtig in sein Bett gelegt, aber nicht angerührt. Und er selbst hat auf dem Sofa übernachtet. So einer ist das, stell dir das vor.«

»Ja, und die Erde ist eine Scheibe und der Dalai-Lama ein Waffenhändler, und in Norwegen blühen gerade die Kakteen. Sonst noch etwas? Hast du dich nicht mal gefragt, warum dieser Superman noch zu haben ist? Da muss doch etwas oberfaul sein.«

Ich habe das Licht gesehen

Als ich die Augen wieder aufmache, bin ich geblendet. Was soll das, viel zu hell ist es hier. Stunden könnten vergangen sein, vielleicht sogar Tage. Sind es offenbar auch. Was soll das alles? Wo bin ich hier? Und was ist das für ein lächerliches Flügelhemd, das ich da anhabe?

Bin ich tot? Habe ich schon ein Engelsgewand an? Ist das das viel beschworene Licht am Ende des Tunnels auf der Reise, das ich gerade sehe? Das gleißende Licht? Irgendwo hier muss es doch noch diesen verdammten Regenbogen geben als besondere Attraktion. Von dem ist zumindest in den einschlägigen Tourenbeschreibungen immer die Rede. Oder warten am Ende des Tunnels vielleicht ein paar Dutzend Jungfrauen auf mich, damit sich der Trip wenigstens gelohnt hat? Ach nein, das ist ja bei den Jungs von der anderen Glaubensfraktion die Prophezeiung, die manche unbekümmert gen Himmel fahren lässt. Ich kann noch nicht klar denken, wahrscheinlich ist das eine der Nebenwirkungen, wenn man keine Zeit hat, sich auf diese Art von Fernreise etwas gründlicher vorzubereiten.

Clara sitzt neben mir auf dem Bett. Ich bin wohl doch noch nicht tot, und sie ist es auch nicht, denn eines von beidem hätte ich wahrscheinlich irgendwie mitbekommen. Aber das ist doch nicht unser Bett hier, und sie ist außerdem vollständig angezogen. Hier stimmt etwas ganz grundsätzlich nicht. Vorhin war da doch noch dieses Bett in Paris und dieses Öl überall. Hier riecht es hingegen scharf nach Desinfektionsmittel, frischem Morgenurin und Krautwickeln.

Es dauert eine Weile, bis ich kapiere, wo ich bin. Offensichtlich in einem Krankenhaus. Mist, habe ich mir im Liebesspiel etwa schon wieder den Kiefer ausgerenkt und anschließend das Bewusstsein verloren? Moment, eben war doch noch die bezaubernde Valerie neben mir. Ich bin erschöpft und mein Mund fühlt sich so trocken an, als ob ich gerade eine Tüte Mehl gefrühstückt hätte.

Ich will trinken, aber da ist nur eine Schnabeltasse. Mühsam nur, Schluck für Schluck rinnt etwas Flüssigkeit meine aufgeraute Kehle hinab. Mein Hals tut entsetzlich weh. Ich will etwas sagen, kann aber nicht. Ich bringe nur ein hilfloses Krächzen hervor. Die Infusionen in meinem Arm tun weh. Eine Krankenschwester schaut zur Tür herein und redet sofort in diesem Duzi-duzi-Kinderdeutsch auf mich ein: »Sie müssen jetzt gaaaaanz gaaaanz viel schlafen«, sagt sie. »Das ist das Allerallerwichtigste. Schön schlafen. Den Rest sehen wir dann schon, jaaaa?«

Ich will etwas zu ihr sagen, will fragen, wann ich hier rauskann und dass sie mich bitte schön wie einen Erwachsenen behandeln soll und nicht wie ein grenzdebiles Kleinkind. Ich kann aber nichts sagen, es kommt wieder nur Gekrächze aus den schmirgelpapiertrockenen Tiefen meiner Kehle.

Clara redet stattdessen mit mir. Sie ist sehr sanft und sehr verständnisvoll. Was hat sie, steht es wirklich schon so schlecht um mich? Plötzlich, vor ein paar Tagen, hat sie nachts einen Anruf aus Paris bekommen, sagt sie. Ich sei zusammengebrochen, offenbar eine allergische Reaktion, ein anaphylaktischer Schock. Die Ärzte dort haben angekündigt, mich nach Deutschland zu transportieren.

In Paris haben sie alles auf die Beine gestellt. Notarzt, Blaulicht, tatütata, Krankenhaus, das volle Programm.

»Allergisch, ich, das gibt es doch gar nicht. Wogegen denn?«, flüsterte ich.

»Obst, haben sie gesagt, Obst«, antwortet Clara. »Was auch immer du in Paris probiert haben magst, es ist dir nicht sehr gut bekommen.«

Oje, ich habe offenbar überempfindlich auf die biologisch und ökologisch unbedenklichen Massageprodukte auf Valeries Haut reagiert. Für mich waren das einfach zu viele Reize, zu viel der Aufregung.

Verbotene Früchte im Übermaß.

Ungeahnte Nebenwirkungen

Alex muss sein Leben ändern. Immer wieder passieren ihm Missgeschicke, die beim Arzt enden. Nicht in den Tropen oder bei gefährlichen Sportarten, sondern in heimischen Gefilden, und zwar meistens dann, wenn er sich gerade für andere Frauen interessiert. Immer ist er der Unglücksrabe.

Wie damals, als er für seine Forschung einen Preis verliehen bekam. Er war stolz, auch wenn Clara darüber mäkelte, dass der Preis undotiert war. Ein Ehrenpreis eben. Aber die Jury bestand aus einem Dutzend Kollegen, und das war für Alex mehr wert als ein Preisgeld. Enttäuscht war er allerdings von der Zeremonie. Es gab eine Urkunde, die in einem unverbrüchlichen, matt lackierten

Rahmen verankert war. Der Rahmen hatte keine Abdeckung aus Glas, aber dafür einen stabilen Metallrand – genauso wie die Rahmen in den Toiletten auf Autobahnparkplätzen mit den mattierten Plakaten, auf denen für Kachelöfen geworben wird.

Als die Urkunde im Laufe des Abends unter den Tisch fiel und ein Stuhlbein eine Weile darauf stand, hielt der Rahmen das – vermutlich aufgrund der autobahnparkplatzklogestählten Ausführung – auch aus. Alex bemerkte zunächst nichts davon, denn er unterhielt sich gerade intensiv mit einer seiner Kolleginnen. Völlig harmlos, das Interesse war rein fachlicher Natur. Im Laufe des Gesprächs kam er ihr allerdings immer näher und entdeckte auch Seiten an ihr, die ihn über das Berufliche hinaus faszinierten. Sie wollten das Lokal wechseln und ungestört sein. Als Alex den Rahmen aufheben wollte, hatte er jedoch nicht mehr bedacht, dass der noch immer unter dem Stuhlbein festklemmte. Inzwischen saß jemand auf dem Stuhl, was den Rahmen in fiese kleine Metallteile splittern ließ, als Alex ihn hochheben wollte. Der Blutverlust war erheblich. Die schweren Damasttischdecken waren zumindest an dieser Seite des Tisches rot eingefärbt.

Auch früher wurde Alex oft vom Pech verfolgt, wenn er sich auf erotischen Erkundigungen befand. Die Rückschläge fingen schon früh an. Während der Schulzeit mit 14 Jahren durfte er zum Schüleraustausch nach Gloucester. In dem kleinen Ort in Westengland wurden später viele Leichen im Garten eines Arztes ausgegraben. Alex war bei einer Gastfamilie untergebracht, der Vater war

Arzt. Als Alex Jahre danach davon erfuhr, hat er nie genau wissen wollen, ob sich das Grauen bei seiner Austauschfamilie abgespielt hatte, es gab schließlich viele Ärzte in Gloucester, die über Haus und Garten verfügten. Das Haus war seltsam verwinkelt, die Architektur ließ viele Leichenverstecke zu. Von dem Zimmer, in dem Alex untergebracht war, musste er drei hölzerne Treppenstufen zum Bad nehmen, zu dem seine und noch eine andere Tür vom Flur aus führten.

Immer wenn Alex morgens wach wurde, war das Badezimmer bereits besetzt. Sie musste ins Bad. Sie hieß Jennifer und war genauso alt wie er. Sie duschte oder badete, das war egal. Aber jedes Mal setzte sie sich nach dem Baden auf den Teppichfußboden. Nackt. Und sah in seine Richtung. Sie musste doch genau wissen, dass er im Nebenzimmer auf den Stufen hockte und angestrengt durch den Schlitz zwischen Tür und Boden blinzelte, um tiefere Einblicke zu erhaschen.

Der Spalt unter der Tür war extra etwas breiter gearbeitet, denn die Tür musste sich ja über diesen übertrieben dicken, flauschigen Teppich hinweg öffnen lassen. Die Auslegeware hatte sehr lange, verwuschelte Fransen. Alex hat sich selten wieder so intensiv mit der Textur eines Teppichs befasst wie damals. Er versuchte das dichte Geflecht mit den Fingern breitflächig runterzudrücken, um einen besseren Blickwinkel zu bekommen. Er überlegte, ob er ihn mit seiner Nagelschere etwas stutzen sollte.

Es gelang ihm aber kaum, zwischen seinen Fingern einen Spalt freizubekommen. Drückte er an einer Stelle, richteten sich sofort andere Fasern auf und versperrten die Sicht. Entspannt war das nicht und auch nicht gut für die Wirbelsäule, weil Alex nur in ziemlich verbogener Sitzhaltung die Augen optimal vor den Türschlitz bekam. Die Teppichfransen ließen sich zudem schlecht reinigen, und Alex musste mehrfach heftig niesen, wenn er kurz davor war, Jennifers Waschungen genauer betrachten zu können. Einmal blieben seine Finger während einer heftigen Niesattacke unter der Tür eingeklemmt, sodass ein Handwerker geholt werden musste, der gemeinsam mit dem Gasteltern-Arzt der Familie seine Finger rettete. Die Aktion brachte ihn in beträchtliche Erklärungsnot, auch wenn Alex sich bis heute nicht sicher ist, ob man aus moralischer Sicht einem englischen Gartenmörder Rechenschaft schuldig ist. Seit dieser Zeit plagt Alex jedenfalls eine lästige Hausstauballergie, und Teppiche in der Wohnung erträgt er seit diesem England-Austausch überhaupt nicht mehr.

Doch trotz dieses Zwischenfalls bereitete Jennifer Alex allmorgendlich weiterhin diese Qual. Sie duschte, dann setzte sie sich auf den Badezimmerteppich in Richtung seiner Zimmertür. Tagsüber warf Alex mit Jennifers Bruder Dartpfeile und hörte »Stairway to Heaven« und andere Hardrock-Balladen an. Rückwärts gespielt, habe »Stairway to Heaven« angeblich satanische Wirkungen, erklärte Jennifers großer Bruder seinerzeit, aber die alltägliche Entblätterung seiner Schwester im Badezimmer war Alex schon teuflisch genug und verdrehte ihm die Sinne.

Alex fallen noch etliche verhinderte Rendezvous ein: Während einer Tagung über Bewusstsein und Beziehung lernte er eine faszinierende junge Frau kennen. Nachdem er sich immer angeregter mit ihr unterhalten hatte, gestand sie ihm, eine Synästhesistin zu sein. Da sie so geheimnisvoll tat und er den Begriff nicht kannte, vermutete er zunächst, sie sei Anhängerin einer abseitigen Sexualpraktik. Dann stellte sich heraus, dass sie die Sinne vermischte und doppelt erlebte und beispielsweise alle Geräusche auch als Farben sah. Das Prasseln der Dusche nahm sie als gelb-grauen Schleier wahr. Das Kratzen der Kreide auf der Tafel als giftiges Grün.

Alex fragte mit wachsendem Interesse nach ihren Farbeindrücken, es musste spannend sein zu erfahren, was sie beispielsweise beim Geräusch zweier sich küssender Münder sehen würde. Aber je öfter er nachhakte, desto heftiger grummelte sein Bauch, die fangfrische Forelle vom Abendessen hatte wohl das Wasser schon länger nicht mehr gesehen. Ihm wurde ziemlich schlecht – gab es auch ein Syndrom, bei dem erotische Anbahnungen zuverlässig mit körperlichen Beschwerden aller Art einhergingen? Statt die Nacht mit ihr zu verbringen, verbrachte er die Nacht auf der Toilette und sah dabei hauptsächlich die Farbtöne Gelb-Grün.

Und jetzt war ihm auch noch das Missgeschick mit Valerie und dem Massageöl passiert. Offenbar war er nur haarscharf mit dem Leben davongekommen. Wenn das kein Zeichen war. Wenn er jetzt nicht einhalten und umkehren würde, wann dann? Er würde Clara beichten, dass er auf Abwege geraten war, und sie um Verzeihung bitten. Wie sehr er hoffte, dass sie einen Neuanfang mitmachen würde!

Andererseits hatte seine Großmutter ihn immer gewarnt: Sage nie deiner Frau, dass du sie betrogen hast. Und sie hatte Gründe dafür, auch wenn Alex nie erfahren hat, ob ihre Empfehlungen theoretischen Erwägungen oder praktischen Erfahrungen entsprungen waren. Oma hatte zwei Argumente: Erstens ist die Bedeutung, die eine Affäre hat, nie so groß wie die Enttäuschung, die sie beim anderen auslöst. Zweitens führt eine solche Beichte zu einer gemeinen Leidensumkehr: Der Seitenspringer ist fortan die Last und das schlechte Gewissen los, wenn er sich offenbart hat. Der Betrogene trägt die Schmach hingegen sein restliches Leben lang als Verletzung mit sich herum.

Alex beschloss, trotz aller guten Vorsätze, noch eine Weile auf seine Oma zu hören.

Flutschfinger

Ich habe mich wieder etwas erholt. Aus dem Krankenhaus bin ich zwei Tage später wieder entlassen worden, aber anschließend war ich noch eine Woche krankgeschrieben. Die Ruhe tat mir gut. Ich habe viel geschlafen, viel gelesen und viel mit Rebecca und Miriam gespielt. Seit dem Krankenhausaufenthalt ist Clara erstaunlich liebevoll zu mir. Ich soll mich schonen, sagt sie immer wieder. Schatz hier, Schatz da, kann ich noch etwas für dich tun? Entwickelt sie jetzt endlich die Fürsorge, nach der ich mich jahrelang so gesehnt habe?

Heute kommt sie allerdings erst spät nach Hause. Ich bin immer noch ziemlich mitgenommen, die letzten Ereignisse haben mir zugesetzt, auch psychisch. Ich sitze abgelebt in der Küche und beschließe, auf sie zu warten, auch wenn es spät wird. Dabei esse ich alle restlichen Mon Chéri auf, die noch in der Packung sind. Die süß vergorenen Früchte machen meine Zunge leicht pelzig, aber ich esse noch eine Packung, bis mir endlich ein bisschen anders wird. Der klebrig-eklige Geschmack füllt jetzt meine ganze Mundhöhle aus, und ich weiß nicht mehr genau, ob mir übel ist oder ob ich schon betrunken bin.

Clara kommt nach Hause. Hat sie Mitleid? Nach mehreren Wochen, die wir wieder notdürftig nebeneinanderher gelebt haben, führt ihre Anteilnahme und ihre Tagesform heute zu der raren Konstellation, dass sie trotz meines piemontkirschigen Mundgeruchs von sich aus körperliche Nähe sucht.

»Erhol dich erst mal von deinem allergischen Schock«, sagt sie, »du brauchst jetzt Zeit.« Die letzten Tage hatte sie schon Kuchen für mich geholt, Kaffee ans Bett gebracht und sogar die Krümel vom Laken gewischt.

Ich kann es kaum glauben, aber nachdem ich mir zuletzt schon wie ein Rehapatient vorgekommen war, der von fünf Krankenschwestern gleichzeitig umsorgt wird, will sie heute sogar mit mir in die Badewanne. Um die Uhrzeit! Das ist nun eine ziemlich klare Ansage, und es ist offensichtlich, was daraus werden soll. Unfassbar. Was sie allerdings nicht bedacht hat: Männer können nicht baden, jedenfalls nicht mit Genuss.

Männer können nur duschen. Schnell, schnell, wir sind ja nicht zum Spaß hier, ist ihre Devise bei der Körperreinigung. Sie sind zu unruhig und werden in der Wanne leicht hektisch oder denken an den Wasserverbrauch oder die negative Kohlendioxidbilanz ihres verschwenderischen Tuns. Frauen hingegen zelebrieren das Bad. Sie stellen Kerzen auf, machen die große Schaumsause, hören Musik und nehmen sich dann die langstielige Wurzelbürste, um sich den Rücken zu massieren oder ihn massieren zu lassen. Dann schlafen sie gerne ein.

Als Mann wäre man in der Badewanne höchstens richtig, wenn man sich in dieses zigarrenförmige badewannentaugliche Mini-U-Boot verwandeln könnte. In einem der Filme von Pedro Almodóvar geht es ganz am Anfang auf Tauchstation und erkundet dabei auch die gefährlichen Riffe und Regionen am Körper einer Frau. Es fährt immer wieder darauf zu und dann doch haarscharf an ihrem persönlichen Marianengraben vorbei.

Es gibt manchmal ja auch Zwischenfälle in der Badewanne, diese Risiken hat man als Mann natürlich im Kopf. Viele beleibtere Mitmenschen klemmen sich in der Badewanne ein, ihr welliges Fleisch geht eine innige Verbindung mit der Wanne ein, und sie kommen erst wieder frei, wenn die Feuerwehr sie befreit. Ein Elend.

Wir sitzen also in der Wanne, und was bin ich froh, dass ich kein Dicker bin. Clara sitzt bald schon auf meinem Schoß und hat ihre Beine um meine Hüfte geschlungen. Es wogt hin und her zwischen uns, und manchmal entweichen dabei diese schmatzenden und schlurfenden Geräusche, die wie Fürze klingen. Das kommt von der nassen Haut, die sich an der Badewannenwand festsaugt, wenn die Masse unserer Körper das Wasser verdrängt. Jetzt gurgelt und schmurgelt es wieder hin und her, sie bewegt sich – und ich komme nicht mehr los von ihr.

Nicht im übertragenen Sinne, sondern tatsächlich. Na, das haben wir gleich, Moment. Ruckeldiru. Wenig rührt sich, zumindest an meinem Rücken. Ich habe wohl die Saug- und Sogwirkung beim gemeinsamen Plantschen unterschätzt. Es gibt ja diese uralten Männerfantasien vom gefangenen Penis, der nicht mehr aus ihrer Scham loskommt, weil sie ihn mit all ihrer Beckenbodenkraft umklammert und festhält. Besonders furchtsame Männer haben sich dazu immer noch eine Vagina dentata vorgestellt, eine mit Zähnen bewehrte Scheide, die im Zweifel zuschnappen kann, wenn er sich wieder lösen will. Das ist hier alles nicht der Fall, ich war auch nie empfänglich für einen solchen Aberglauben. Hier geht es lediglich um die erstaunlichen Saugkräfte, die mein Hüftfleisch am Badewannenrand festzuhalten scheinen.

Clara hat inzwischen ihre Füße hinter meinem Rücken gelöst und lässt sie am Kopfende aus der Wanne baumeln, um sie nur umso fester dort wie einen Hebel zu verhaken und sich gegen mich und mich gegen die Wanne zu drücken. Das ist von einer leidenschaftlichen Wucht, wie ich sie lange nicht mehr gespürt habe. Das ändert aber nichts daran, dass ich immer noch am Wannenrand festklebe.

Sie löst sich langsam aus der Umklammerung, gleitet zurück in die Fluten und taucht kurz im Schaum unserer Liebe unter. Als sie wieder auftaucht und sich mit nassen Haaren auf den Beckenrand setzt, fängt sie an zu lachen.

Sie merkt, dass ich immer noch nicht von der Badewannenwand loskomme. Ich fühle mich wie eine dieser Kunstfiguren, die auf einem Stuhl sitzen, den man in mehreren Metern Höhe irgendwo an einer Hauswand angebracht hat, und die ein bisschen so aussehen, als hätte ein Schmetterlingssammler seine Trophäen mit Nadeln dort festgepiekt und ausgebreitet, sodass alle Welt sie besser bestaunen kann, sich aber gleichzeitig fragt: Was macht der eigentlich da oben?

Sie zieht ein bisschen an meinen Armen, aber es tut sich nichts. Ich versuche es selbst, aber das tut höllisch am Rücken weh. Ich finde auch keinen Hebel, um mich festzuhalten, und rutsche immer wieder in dem seifigen Gelände ab. Sie lässt mit dem Brausekopf Wasser zwischen Wand und Haut laufen, aber ich habe eher den Eindruck, dass es wie Flüssigbeton die Verbindung zwischen mir und dem Email der Badewanne noch weiter festigt. Sie will verschiedene Badelotionen und Duschgels dazugeben, als Schmierstoff zwischen Mensch und Wanne. Damals im Freibad kam ja auch noch jeder Flutschfinger und jeder Cola-Lutscher aus seiner Verpackung, wenn man ihn nur geduldig genug knetete und freundlich zu ihm war. Da sie meine Allergie aber noch in lebhafter Erinnerung hat, hält sie sich mit den exotischen Badeessenzen zurück und setzt auf manuelle Hilfe.

»Ich rufe die Feuerwehr an«, sagt sie lachend und ist schon mit einem Handtuch um die Hüften im Wohnzimmer verschwunden. »Nein, lass das«, rufe ich ihr hinterher. »Bitte nicht, das schaffen wir auch so.« Zu spät, sie hat schon die Notrufnummer gewählt.

Als die kräftigen Herren in Uniform bald darauf auftauchen, um mich mit schwerem Gerät aus meiner misslichen Lage zu befreien, hänge ich immer noch fest wie ein gekreuzigter Schmetterling.

»Wie haben Sie denn das angestellt?«, sagt einer der Feuerwehrmänner und versucht, dabei ernst zu bleiben. »Löschen muss man hier ja wohl nichts.« Clara steht komplett angekleidet daneben, nickt ganz ernsthaft, aber kann sich vor Lachen kaum halten.

Liebe geht durch den Magen

Das Wochenende hat Clara für uns schon geplant und uns im Romantik-Kuschelhotel »Zur fidelen Gams« eingemietet, ihre Eltern passen auf die beiden Mädchen auf. Sie will offenbar wirklich einen Neuanfang. Die fidele Gams ist ein ehemaliger Landgasthof in Tirol, der in letzter Zeit mächtig aufgerüstet hat. Die Sessel in der Lobby sind mit dunkelrotem Samt bezogen, die Lehnen übergroß und an der Holzeinfassung silberglänzend lackiert. Ein Landpuff im Sauerland würde wohl eine ähnliche Innenausstattung wählen. In unserem Zimmer ist in der Mitte ein überdimensional großes Bett mit einem fadenscheinigen Baldachin platziert, im Bad gibt es eine kolossale Sprudelwanne.

Zusätzlich ist da noch dieser enorme Wellnessbereich. Es gibt unterschiedlich heiße Sprudelbäder, und wir beide lassen uns schon mal vor den Wasserdüsen den

Rücken kraulen, bis wir uns träge zum Wasserfall und der Raindance-Anwendung weitertreiben lassen. Bei den Wasserdüsen muss man allerdings aufpassen, der Strahl ist zu hart eingestellt.

Abends steht ein phönizisches Liebesmahl für Clara und mich auf dem Speiseplan. Das war in dem Wochenendpaket inklusive. Es schmeckt nicht viel anders als die spanische Küche, ist aber deutlich anstrengender, denn zu jeder Dattel und jedem Weinblatt erklärt der ostdeutsche Kellner ausführlich die aphrodisierende Wirkung der erlesenen Speisen.

»Wachteleier in Weinblättern eingelegt«, flötet er. »Das steigert die Durchblutung an den richtigen Stellen.«

Dazu schaut er so vielsagend, dass man ihn sofort im nächsten Ayurvedapool ertränken möchte und mit Lassi nachspülen.

»Ziegenkäse in Honig und Mandelkruste«, tiriliert er beim nächsten Zwischengang erneut. »Macht laut phönizischer Überlieferung elastisch und biegsam«, sagt er, und diesmal kichert er dabei.

Die Phönizier müssen es permanent miteinander getrieben haben, wenn nur die Hälfte seiner Verheißungen stimmt.

Da Mirko aus Zittau aber jedes Mal, wenn er davon spricht, dass die Feige oder die eingelegten Oliven »die Manneskraft stärken« oder sie »vor Lust zergehen lassen«, uns aufmunternd zuwinkert, spüren wir keinerlei Änderung der Libido oder andere anregende Wirkungen. Einen größeren Lusttöter als ihn kann man sich schwer vorstellen.

Wir gehen ins Hotelzimmer, schauen uns erleichtert an und finden trotz der kulinarischen Anpreisungen von Mirko ohne Komplikationen eine gemeinsame Ebene. Es ist nicht sensationell, aber das ist ja gerade das Schöne, diese vertraute Beiläufigkeit, dieses Sich-gegenseitig-schon-lange-Kennen und Sich-nichts-beweisen-Müssen. Ich habe ein beruhigendes Gefühl und seit Langem mal wieder die Ahnung, dass jetzt endlich, endlich alles gut ist. Ein Gefühl der Innigkeit. Auch spüre ich eine gewisse Dankbarkeit gegenüber den Phöniziern und dem Wachteleierkoch.

Clara streckt sich wohlig, schaut mich lange an, wie man es bei einem unerwarteten Liebesgeständnis vielleicht tut. Würde mich nicht wundern, wenn sie mir jetzt um den Hals fällt.

Dann fragt sie mich: »Was würdest du eigentlich sagen, wenn ich dich betrogen hätte, wenn ich einen anderen gehabt hätte?«

»Meinst du das im Ernst?«, frage ich.

Sie lacht.

Zigaretten holen

Erst ist es Spaß, dann wird es ernst. Alex erfährt nach und nach, dass Clara eine Nacht bei Raffael verbracht hat. Er weiß nicht recht, wie er damit umgehen soll. Natürlich ist er massiv gekränkt. Aber da ist auch noch dieses andere Gefühl. Er ist fast erleichtert. Schließlich hat er sie ja in Gedanken permanent und in Paris um ein Haar auch tatsächlich betrogen. Meist ist ihm nur irgendetwas dazwischengekommen. Leider oder glücklicherweise – er weiß noch nicht, wie er das bewerten soll.

Beleidigt ist er allerdings, dass es ausgerechnet dieser Raffael ist, mit dem sich Clara eingelassen hat. Ein halbseidener Flirttrainer, der Alex' Masche geklaut hat und mit süßen Tierbildern seine Vortragsreisen bestreitet. In seinem früheren Leben war Steinberg sogar mal in der Forschung tätig und hat sich als Konkurrent von Alex aufgespielt. Und heute verkündet er genau das Gegenteil von dem, was Alex mit jahrelangen, seriösen Untersuchungen belegen kann. Und damit hat er auch noch Erfolg, seine Vorträge sind regelmäßig ausverkauft, besonders Frauen scheinen diesem Scharlatan auf den Leim zu gehen und sich so gut von ihm verstanden zu fühlen, wenn er vom Grundprinzip der Untreue faselt. Ob er ihr verzeihen kann, dass sie sich gerade mit diesem Hochstapler abgegeben hat, weiß er nicht.

»Musstest du mir das wirklich antun«, sagt Alex ernüchtert. »Dieser Kretin kennt doch nicht mal den Unterschied zwischen einem Pavian und einem Mandrill. Und mit so einem hast du was gehabt, ich fasse es nicht.«

Alex macht Clara ein schlechtes Gewissen, das kann nie schaden. Und es tut gut, obwohl er sie ja in seiner Fantasie permanent hintergangen hat. Er fühlt sich ein bisschen wie Michael Douglas in dem Film »Ein perfekter Mord«. Darin versucht der Hauptdarsteller seine von Gwyneth Paltrow gespielte Frau umbringen zu lassen. Der teuflische Plan scheint anfangs aufzugehen, und besonders fies ist die Szene, in der die Ehefrau ihren Mann verdächtigt, der Drahtzieher des missglückten Mordversuchs zu sein. Sie hat ja recht, aber im Film kann Douglas ihre Bedenken zunächst noch zerstreuen. Sie schämt sich dafür, ihrem Mann misstraut zu haben. Aber er zeigt Verständnis und verzeiht ihr die Anschuldigung. Wie er sie großmütig tröstet, obwohl der Zuschauer weiß, dass er ihr auch weiterhin nach dem Leben trachtet, das ist schon hübsch hinterhältig. Allerdings nimmt es im Film kein gutes Ende für Michael Douglas.

Clara wirkt nicht so, als ob es ihr peinlich sei und sie es bereue, dass sie die Nacht woanders verbracht hat. Höchstens dass es Raffael war, ist ihr unangenehm. Der Kerl ist einfach noch zu grün hinter den Ohren. So etwas braucht sie nicht noch mal. Überhaupt ist es wahrscheinlich für alle Seiten inklusive der Kinder einfacher, wenn sie sich noch mal mit Alex arrangiert und darauf hofft, dass sie wieder zueinanderfinden. »Die fidele Gams« war ja kein schlechter Anfang. Während sie ihr Lachen über den ostdeutschen Kellner unterdrücken mussten, hatten sie seit Langem mal wieder ein Gespräch, das sie und Alex berührte und zusammenführte und nicht trennte.

Alex braucht erst mal seine Ruhe. Er will nicht zu sehr auf Clara einprügeln und sie beschimpfen, das käme ihm angesichts seiner eigenen Eskapaden zu billig vor. Aber so ganz ungeschoren soll sie auch nicht davonkommen. Viel zu lange hat er sich erniedrigt und auf Zeichen ihrer Zuneigung gewartet. Das muss sofort ein Ende haben, er hat sich zum Schluss selbst nicht mehr erkannt. Nie wieder! Er wird jedenfalls nicht wieder klein beigeben, ihr verzeihen und darum flehen, dass sie jetzt wieder ganz lieb zu ihm ist. Ihm ist danach, das Manifest für den befreiten Mann aufzusetzen.

Er schreibt dann doch nichts. Mann sein heißt auch handeln.

Alex schaut Clara ernst in die Augen. »Ich muss raus, Zigaretten holen.«

Er dreht sich um und geht. Mit ruhigen Schritten, er knallt nicht die Tür, sondern lässt sie einfach stehen.

Dabei raucht er gar nicht.

Schmusekatze

Sie schnurrt behaglich. Immer und immer wieder. Und obwohl sie ganz versonnen aussieht und mit sich beschäftigt zu sein scheint, wirkt es so, als ob sie alle paar Sekunden ein kleines, zartes Lächeln in ihr Gesicht zaubere. Ist das der Ausdruck von Glückseligkeit? Zwar rekelt sie sich gelegentlich hin und her, aber wenn man es genau betrachtet, hat sie sich seit Stunden schon nicht von der Stelle bewegt. Wozu auch? Sie weiß um ihre Reize. Und sie weiß, dass ihr die meisten Männer sowieso erliegen. Wahnsinn, diese erotische Ausdauer. Nichts treibt sie zur Eile. Dass alle Lust Ewigkeit will, scheint dieses überirdische Wesen mit jeder Faser seines Körpers zu leben.

Ich beobachte sie geduldig und aufgeregt zugleich. Ich bin hingerissen. Aber ich kann auch warten. Das habe ich in all den Jahren mit Clara gelernt. Und jetzt sollte ich unbedingt warten und es auskosten, so lange wie möglich. Denn so nah war ich noch nie dran. Sie streckt verführerisch ihre Beine aus, dann zieht sie sie wieder an ihren schlanken Körper zurück. Wie geschmeidig sie das macht! Wie elegant das aussieht. Eine einladende Geste, nicht mehr und nicht weniger. Aber ich reagiere nicht darauf. Noch nicht. Ich weiß mittlerweile, wann ich noch mehr erwarten kann und die knisternde Spannung nicht durch zu frühe Aktivitäten vermasseln sollte.

Jetzt lockt sie mit einem geradezu gurrenden Laut. Ich weiß nicht, ob ich mich jetzt schon näher herantasten soll oder besser noch eine Weile warte. Ich spüre, dass sie mehr will und dass es nicht mehr lange dauern kann, bis sie ihr Begehren unmissverständlich zu erkennen gibt.

Sie faucht. Die Fossa ist eine irritierende Laune der Natur. Sieht ein bisschen aus wie eine riesige Ratte mit ihrem kleinen Kopf, aber immerhin wird sie bis zu 80 Zentimeter lang – oder wie ein Puma mit viel zu kurzen Beinen und einem sehr langen Schwanz. Katzenartig ist ihr Körperbau auf jeden Fall, auch wenn sie manche Forscher als Otter schmähen. Immerhin ist sie das größte Raubtier Madagaskars, und es gibt sie exklusiv nur hier. Und auf Bäumen klettern kann sie nahezu perfekt, sogar kopfüber nach unten, dabei krallt sie sich mit den Hinterpfoten fest. Ein elegantes Wesen, und dabei ist sie so eigen, so scheu. Sie maunzt.

Sie kann furchtbar zickig werden, egal wie romantisch ihr die Männer kommen. Die Fossa hat ihren absoluten Lieblingsplatz. Und sie hat Ausdauer. Normalerweise jedes Jahr im November trifft sie sich mit ihren Liebhabern auf eigens dafür ausgesuchten Paarungsbäumen. Sie machen es zwar nur einmal im Jahr, aber dafür ist das Liebesspiel, das sie abhalten, um sich fortzupflanzen, ein ziemliches Spektakel und dauert eine Woche! Eine Woche – dafür kann man schon mal elf Monate warten, wenn man dann von einem solchen Sturm der Liebe überwältigt wird.

Allerdings ist es für die Jungs hart, bis sie zur Sache kommen dürfen. Die Lady sitzt auf ihrem Lieblingsbaum, auf einem besonders auffälligen Ast, und richtet dort ihr Liebesnest ein. Dort harrt sie aus, tagelang. Dabei ruft und gurrt und maunzt und schnurrt sie, bis sich unten vor dem Baum die Schar ihrer Verehrer zu einer stattlichen Menge zusammengefunden hat. Die Jungs müssen sich erst mal prügeln und eine Rangordnung untereinander ausmachen. Doch das allein zählt nicht. Mal wählt sie einen kräftigen Grobian aus, dann einen zarten Romantiker. Den großen Männchen ist sie unterlegen, denen fügt sie sich notgedrungen. Aber zwischendurch kommen auch die kleineren zum Zug, und manche von denen schickt sie sofort wieder weg. Die dürfen nur ran, wenn die Dame es zulässt. Sonst riskieren sie einen Kampf, und dabei ziehen sie leicht den Kürzeren.

Jetzt ist es so weit. Die Fossadame wird nicht mehr lange allein bleiben. Ich halte etwas Abstand. Die Tiere sind zwar zu klein und mit höchstens zwölf Kilogramm zu leicht, um Menschen wirklich gefährlich zu werden, aber ich will sie nicht aggressiv machen – und außerdem mir nicht die Chance verbauen, bei diesem einmaligen Schauspiel Beobachter zu sein.

Ich habe mich in meinem Beobachtungslager eingerichtet, dokumentiere die Bewegungen und Laute, mache Fotos und hoffe die ganze Zeit, dass mein Richtmikrofon trotz der vielen anderen Störgeräusche im Urwald genügend Geräusche von der Paarung aufzeichnet. Es ist der Wahnsinn, ich werde so viel Neues über diese Tiere berichten können. Sie sind nämlich nicht nur schüchtern, sondern auch vom Aussterben bedroht. Nur noch etwa 2300 Exemplare gibt es auf der Insel, und was sollte man ihnen daher mehr wünschen, als dass sie sich ausgiebig fortpflanzen?

Ein männlicher Fossa darf auf den Baum. Mittlere Preisklasse, kein Schwächling, aber auch nicht Mister Universum. Verstehe einer die Frauen, warum der als Erster randarf. Es geht los, bis zu 60 Mal wird sie sich in der kommenden Woche paaren, mit zehn verschiedenen Männchen – und alles auf dem Baum ihrer Wahl. Manchmal steht sie auf Quickies, dann dauert die Chose nur eine Minute, aber es gibt auch Fossadamen, die haben es mit ihrem Partner schon auf sechs Stunden am Stück gebracht. Den Rekord hält eine Fossa nur ein paar Wälder weiter, die hat sich in den 80 Stunden, die sie auf ihrem Baum hockte, sensationelle 40 Stunden der Liebe hingegeben. Hätten die Menschen doch auch nur so ein einfallsreiches Liebesspiel!

Warten auf ein Zeichen

Clara weiß nicht, wie Alex mit ihrem Geständnis umgehen wird. Zu Beginn des Wochenendes in Tirol hatte er wieder Hoffnung geschöpft, bis der Tiefschlag kam. Sie fragt sich besorgt, wie er das wegsteckt. Und warum er sich so lange nicht meldet.

Seit drei Wochen ist Alex auf Forschungsreise. Vielleicht kommt er nicht mehr wieder, überlegt Clara. Bleibt irgendwo in der Wildnis, fernab von Zivilisation und Eheproblemen. Oder er geht zur Fremdenlegion wie Isidor, die Figur aus Max Frischs Roman »Stiller«. Nach Jahren käme er mal wieder vorbei, aber wenn sie ihn fragen würde, wo er so lange war, würde er wortlos wieder verschwinden. Im Roman sind schon zehn Jahre vergangen, als Isidor wieder zu Hause auftaucht, und seine Familie feiert gerade einen Geburtstag. Eine Torte steht auf dem Tisch, und als Isidor von seiner Frau gefragt wird, wo er so lange war, schießt er mit seiner Fremdenlegionärspistole wortlos in die Torte und geht endgültig.

Clara hat auch Kuchen gebacken. Dorothee wollte mit ihrem neuen Freund vorbeikommen und ihn Clara vorstellen. Clara malt sich aus, wie schön es wäre, wenn Alex in diesem Moment hereinschneien würde. Aber wahrscheinlich würde er nur die Torte zerschießen, einen solchen Auftritt würde er sich nicht entgehen lassen.

Doch weder Alex noch Dorothee und ihr neuer Geliebter kommen. Sie sagt kurzfristig ab, es sei etwas dazwischengekommen, ihr Freund habe sich den Magen verdorben. Aber spätestens beim Fest würde sie ihn ja sehen. Das Fest, ihr Zehnjähriges: Was gäbe es ohne Alex überhaupt zu feiern?

Es wird langsam dunkel und wieder ein Tag ohne Nachricht von Alex. Die Kinder haben jeden Tag nach ihm gefragt. Clara macht sich Sorgen. Vielleicht ist ihm ja etwas passiert. Noch mehr aber quält sie die Vorstellung, dass er bei einer anderen ist.

Seltene Tiere

Drei Wochen habe ich ihnen jetzt schon aufgelauert. Habe so viel von ihnen gesehen und gelernt. Habe ihre Zärtlichkeit, aber auch ihre plötzliche Wut erfahren. Nur Clara und die Kinder habe ich vor lauter Begeisterung ganz vergessen. Ich muss sie anrufen.

Zurück im Camp, kriege ich eine Verbindung zu Clara.

»Wie geht es dir, ich wollte mich längst melden.«

»Wo bist du, ist alles in Ordnung? Ich habe mir solche Sorgen gemacht.« Clara klingt wirklich beunruhigt.

»Die Paarungszeit der Fossas hat wegen der verkürzten Regenzeit dieses Jahr viel früher eingesetzt als sonst«, erkläre ich ihr. »Ich musste sofort nach Madagaskar. Die Chance, diese seltenen Tiere bei ihrem langwierigen Akt zu beobachten, hat man in seinem Forscherleben vielleicht nur einmal. Das ging nicht anders.«

»Und du hast mich nicht vergessen? Oder an Trennung gedacht? Du warst so still, als du gegangen bist.«

»So ein Quatsch, ich habe jeden Tag an euch gedacht.«

Ich will zwar, dass vieles anders wird in der Beziehung zwischen Clara und mir, aber ein paar Notlügen müssen trotzdem noch gestattet sein.

»Wann kommst du denn wieder.«

»In spätestens einer Woche, wieso?«

»Wir haben da einen Termin, schon vergessen?«

Kennen wir uns nicht irgendwoher?

Fast alle Gäste sind schon da. Ein großer, feierlich geschmückter Saal in einem Hotel am See. Die Band spielt heitere Jazzrhythmen, die Kinder betrinken sich mit Cola. Die Freunde haben sich kaum verändert. Klaas lacht immer noch viel zu laut, und Katharina sieht man schon von ferne an, dass sie wieder über andere herzieht. Nur Dorothee lässt noch auf sich warten. Dabei sollte sie doch durch den Abend führen und die Reden, Musikstücke und Vorführungen der Gäste ansagen.

Doch auch ohne die Zeremonienmeisterin sind die darstellenden Gäste offenbar so gut vorbereitet, dass sie selbst wissen, wann sie dran sind und in welcher Reihenfolge. Ein Streichquartett hat schon gespielt. Die Kinder der anderen Freunde haben mit Miriam und Rebecca ein Gedicht aufgesagt, und Thorsten hat schon eine Rede gehalten, die witzig sein sollte und in der er jedes von Claras und Alex' zehn Ehejahren unter ein Motto gestellt hat. Gelacht hat kaum einer, der Applaus war gequält.

Jetzt sollen Alex und Clara einen Ehetauglichkeitstest

absolvieren, wie er normalerweise bei der richtigen Hochzeit veranstaltet wird und nicht beim zehnten Hochzeitstag. Kombiniert ist das mit einem Alterstest und vielen Anspielungen auf ihren 40. Geburtstag, den sie in den nächsten Wochen begehen. Clara hasst Spiele, bei denen sie selbst im Mittelpunkt steht und etwas vorführen soll. Diesmal kann sie sich nicht wehren, also kriegen beide einen Kochlöffel in die Hand gedrückt und einen Hammer, und dann sollen sie den anderen bewerten.

Zu Claras Erleichterung kommt es aber gar nicht mehr dazu, denn plötzlich ist Dorothee doch da. Clara hätte nie gedacht, dass Dorothee sie einmal vor einer peinlichen Situation bewahren würde. In einem atemberaubenden Kleid steht Dorothee in der Tür und lächelt. Und sie ist nicht allein! Sie hat einen Mann mitgebracht.

Clara kann es nicht glauben. Auch Alex bleibt der Mund offen stehen, ein Wunder, dass er keine Maulsperre bekommt. Dorothee geht mit ihrem Begleiter direkt auf Clara und Alex zu, ein gut aussehender Mann, Mitte 40.

»Darf ich vorstellen, das ist Raffael«, sagt sie.

Pause, Pause, Pause. Normalerweise ist das Dorothees dramatisches Stilmittel, aber diesmal sagt sie nichts, weil sie keine Ahnung hat, was hier gespielt wird. Schließlich bricht sie das Schweigen.

»Was ist denn mit euch los? Kennt ihr euch?«

»Nur vom Hörensagen«, stammelt Alex.

Clara kommt einer Antwort Raffaels zuvor, der ihr gerade formvollendet einen Handkuss geben will: »Ich hatte mal eine Probestunde bei Ihnen, aber Sie werden sich kaum an mich erinnern.«

Danksagung

Tausend Dank an Klaus und Carolin – die immer noch ein glückliches Paar sind und ohne die dieses Buch kaum entstanden wäre.